DIANTE DA DEPRESSÃO

Dr. Juan Antonio Vallejo-Nágera

DIANTE DA DEPRESSÃO

DIREÇÃO EDITORIAL:
Marcelo C. Araújo

COMISSÃO EDITORIAL:
Avelino Grassi
Edvaldo Araújo
Márcio Fabri dos Anjos

TRADUÇÃO:
José Augusto da Silva

COPIDESQUE:
Ana Aline Guedes da Fonseca
de Brito Batista

REVISÃO:
Ana Rosa Barbosa

DIAGRAMAÇÃO:
Érico Leon Amorina

CAPA:
Erasmo Ballot

Título original: *Ante la Depresión — Todo lo que Hay que Saber Sobre la Enfermedad de Nuestro Tiempo*
© Juan Antonio Vallejo-Nágera, 1987
© Planeta Prácticos, 2010
Diagonal, 662-664, 08034 Barcelona-España
ISBN: 978-84-08-09575-0

Todos os direitos em língua portuguesa, para o Brasil, reservados à Editora Ideias & Letras, 2015.

EDITORA
IDEIAS&
LETRAS

Rua Tanabi, 56 – Água Branca
Cep: 05002-010 – São Paulo/SP
(11) 3675-1319 (11) 3862-4831
Televendas: 0800 777 6004
vendas@ideiaseletras.com.br
www.ideiaseletras.com.br

Dados Internacionais de Catalogação na Publicação (CIP)
(Câmara Brasileira do Livro, SP, Brasil)

Diante da depressão / Juan Antonio
Vallejo-Nágera, 1926-1990 (Tradução: José Augusto
da Silva). São Paulo-SP: Ideias & Letras, 2015.
Título original: *Ante la Depresión.*
Bibliografia.

ISBN: 978-85-65893-71-8

1. Depressão - Diagnóstico 2. Depressão -
Tratamento 3. Depressão mental I. Título.

CDD-616.8527   14-12388 NLM-WM 207

Índice para catálogo sistemático:

1. Depressão : Diagnóstico e tratamento :
Medicina 616.8527

ÍNDICE

Tudo o que é preciso saber sobre a enfermidade do nosso tempo
Esclarecimento indispensável – 13

1. **Tenho uma depressão? – 15**
2. **É muito difícil compreender o que sente um deprimido – 17**
   "Preferiria qualquer outra enfermidade..." 18

3. **O que nunca se deve fazer ou dizer a um deprimido – 21**
   A vivência depressiva: "Não compreendo por que estou triste" 22
   Não é o "motivo" da depressão 23
   Não repetir os argumentos 24
   Não se enfadar com o deprimido 24
   "Você deve deixar isso de lado" 25
   O melhor é deixá-lo em paz 26
   Comparecer ao trabalho? 27
   "Te faria bem uma viagem" 28
   É certo todo o anterior? 30
   Não tolera alegria junto de si 30
   Não sei o que fazer! 31
   A enfermidade os impulsiona a atormentar 32
   Resumo dos temas essenciais deste capítulo 32

A ajuda mais valiosa 33
Não se deixar escravizar pelo deprimido 33
Explicar-lhe que está enfermo 35

4. **A depressão é a enfermidade do nosso tempo? – 37**

    História da depressão 37
    Os gregos 41
    Outras culturas 43
    Os místicos medievais 45
    "Anatomia" da melancolia 46
    O aborrecimento como enfermidade 47
    Século XIX 48
    Primeiro tratamento curativo de uma
    enfermidade mental 50
    Primeiro tratamento eficaz de depressão 53

5. **Como preparar a consulta – 59**

    Consulta com o médico geral 59
    Consulta com o especialista 61
    Dados que convêm estar preparados 61
    Antecedentes familiares e pessoais 63

6. **Manifestações clínicas de uma depressão típica: "episódio depressivo maior" – 65**

    Forma de começo 65
    Hábito geral 65
    Atividade 66
    Inibição do curso do pensamento 66

Ideias de suicídio 67
Oscilações e irradiação do estado de ânimo 68
Ideias delirantes 68
Alucinações 69
Inteligência e demais funções
psíquicas conservadas 69
Sintomas somáticos 70
Ritmo da sintomatologia 71
Evolução e prognóstico sem tratamento 71

7. **Manifestações clínicas em uma fase de intensa euforia patológica: mania e transtorno bipolar – 73**

Mania (generalidades). 73
O maníaco não se considera enfermo. 74
Caracteres comuns da mania e da depressão. ... 75
Quadro clínico da mania 75
Começo 75
Aspecto geral 76
Atividade. 76
Linguagem e curso do pensamento 77
Estado de ânimo. 78
Periculosidade do maníaco 78
Ideias delirantes 79
Funções psíquicas conservadas 79
Sintomas somáticos 80
Ritmo da sintomatologia 80
Evolução espontânea e prognóstico 81
Frequência das fases. 81
Etiopatogenia da mania (causas da mania). 82
A hipomania e a hipermania 83

As combinações de sintomas maníacos e
depressivos: A psicose maníaco-depressiva 84
Os transtornos bipolares....................84

8. **As neuroses depressivas – 87**

    "Estou enfermo ou me tornei triste?" 87
    O caráter melancólico......................87
    A tristeza como forma de adaptação..........88
    Reações depressivas........................89
    O fator desencadeador......................90
    Predisposição para a depressão neurótica......91
    O modo de viver a depressão neurótica........92
    A depressão histérica.......................93
    A personalidade obsessiva...................94
    Tratamento da neurose depressiva............95
    Medicação..................................95
    Psicoterapia de apoio.......................96

9. **Outras formas clínicas de depressão – 99**

    Diagnóstico diferencial......................99
    Síndrome afetivo-orgânica com depressão......99
    Transtorno psicoafetivo.................... 101
    Transtorno distímico....................... 102
    A melancolia involutiva 103

10. **Primeiros medicamentos antidepressivos – 105**

    Hipóteses sobre a etiologia –
    (causa) da depressão e da mania............. 105
    O fracasso da Reserpina 107

A Isoniacida 108
As catecolaminas 109
A indústria farmacológica e a depressão 110
Estado do pensamento neurofisiológico 112

11. Tratamento atual da depressão e da mania – 115

É necessária a hospitalização? 115
Não poderiam ser tratados os deprimidos e os maníacos em um sanatório não psiquiátrico? ... 116
O departamento de psiquiatria em um hospital geral 118
Indicações de hospitalização absoluta 119
Vantagens da hospitalização 119
Problemas da família 120
Indicações de hospitalização por conveniência .. 121
Regime aberto ou fechado? 123
As medicações antidepressivas 124
Os tranquilizantes menores 126
Inconvenientes e precauções 128
Contraindicações 130
Timolépticos ou antidepressivos 130
Inibidores da monoaminoxidase 132
Os fármacos tricíclicos e tetracíclicos 134
Pode-se predizer o resultado? 135
Os testes ou exames de laboratório 135
Os efeitos secundários 136
Tratamento farmacológico da mania 138
Os tranquilizantes maiores ou neurolépticos ... 138
Medicação preventiva da mania 139
Os sais de lítio 139

A Terapia Eletroconvulsiva
(TEC ou Eletrochoque) 142
Uma advertência fundamental............... 145
Um horizonte de esperança 146

Nota do Editor:
Alguns medicamentos e tratamentos citados no livro não são mais utilizados atualmente. Foram mantidos de acordo com os textos originais do autor, escritos em 1987.

Tudo o que é preciso saber sobre a enfermidade do nosso tempo

Esclarecimento indispensável

Em minha longa experiência como psiquiatra, comprovei que a maioria dos pacientes com depressão obtém de seus médicos um tratamento correto, mas nem todos recebem informações necessárias sobre sua enfermidade. Nas consultas não costuma haver tempo, senão para explicações e conselhos fundamentais.

Uma das queixas mais frequentes dos deprimidos é que ninguém os compreende.

Tentei escrever um livro que sirva ao deprimido nos dois terrenos: para que possa assimilar e ampliar o que foi dito pelo médico e para que aqueles que o cercam possam entendê-lo melhor.

Nenhum livro pode substituir a consulta com o médico, mas muitas pessoas ao regressar de uma entrevista com o doutor se dão conta de que esqueceram de esclarecer certas dúvidas. À família do enfermo ocorre a mesma coisa. *Diante da depressão* trata de informar sobre os problemas mais frequentes.

Os leitores desta obra serão logicamente pessoas afetadas pelo tema, que buscam orientações em momentos difíceis e de grande desconcerto. O livro é dirigido especialmente aos que não têm a quem perguntar – os mais apressados. Por isso se submetem à clareza de qualquer outra condição; há exemplos, esclarecimentos e repetições que, para muitos, serão desnecessárias e por isso um estorvo na leitura. Espero que esses leitores tenham a generosidade de aceitar tais inconvenientes, ao recordar que para outros são uma importante ajuda.

O autor.

1. Tenho uma depressão?

Sente-se profundamente triste e não encontra motivo? Tem desejo de chorar? Chora sozinho? Não pode conter as lágrimas diante dos outros, diante de certos comentários? Nota um cansaço excessivo e uma preguiça invencível? A menor tarefa que antes considerava rotineira, como se vestir, se lavar, escrever uma carta... parece-lhe agora um esforço cansativo?

O despertar de cada dia converteu-se em um momento muito amargo? – "outro dia!". As diversões que desfrutava deixaram de lhe agradar? Evita suas amizades porque não compensa o esforço de manter a "fachada"? Tem insônias e passa essas horas acordado absorto em pensamentos negativos? Tornou-se pessimista e só vê o lado mau das coisas? Piorou o conceito de si mesmo? Acha-se culpado de coisas que tinha esquecido? Tem a sensação de que em sua família e em seu trabalho o julgam melhor do que é e que vão descobrir seu pouco valor? Crê que está se refugiando em se sentir enfermo para evitar suas responsabilidades? Gostaria de ficar na cama de manhã, com a luz apagada, sem fazer nada nem ver ninguém? Não é capaz de concentrar-se nem para ler um jornal?

Caso se sinta retratado em várias dessas perguntas, você *padece de uma depressão* profunda, das chamadas "maiores".

Está deprimido e se pergunta o que pode fazer. Poderia ajudá-lo ler algum capítulo deste livro, mas se a depressão é profunda não terá forças para folhear nem este nem um outro livro, sua enfermidade o impede.

Nesse caso adie a leitura para quando melhorar e passe agora o livro para sua família e para amigos. Ao lerem as primeiras páginas vão entendê-lo melhor. Vão encontrar a resposta a muitas das perguntas que lhe fazem e a que você não sabe responder. Depois de ler, elas poderão apoiá-lo com mais eficácia e deixarão de atormentá-lo com essas atitudes tão bem-intencionadas, mas que tanto desesperam você.

2. É muito difícil compreender o que sente um deprimido

À primeira vista não lhe ocorre nada. Não tem febre nem dores. Por isso os que o cercam não compreendem de que se queixa e pensam que lhe bastaria um esforço para sair desse estado. Nada mais longe da realidade.

Há muitas formas de depressão que iremos detalhar. Hoje pensamos que se trata de enfermidades distintas com uma aparência comum. Para facilitar a tarefa do leitor, até que o advirtamos expressamente vamos referir-nos à forma mais séria e característica, a depressão "maior" que os tratados chamavam de "endógena". Isso porque se supõe que vem de dentro do corpo, de uma alteração bioquímica e não dos desgostos e de outras vivências negativas, como creem o deprimido e sua família. O sofrimento do deprimido é terrível e não comparável ao de nenhuma outra enfermidade.

Quem não tem padecido de uma depressão, carece de pontos de referência subjetivos para entender. Mesmo que não tenhamos sofrido cólicas renais, compreendemos perfeitamente quem se contorce de dor numa delas, pois todos temos experiência de dores corporais. Embora procedam de origem distinta, supomos que suas dores sejam parecidas com as nossas e, por muito que se queixe, admitimos que podem ser mais intensas. Em compensação, falta-nos um elemento de comparação para poder imaginar o tormento do deprimido. Talvez só outro deprimido possa entendê-lo.

"Preferiria qualquer outra enfermidade..."

A nós, médicos, que atendemos centenas de deprimidos, nos surpreende que sempre digam: "Preferiria qualquer outra enfermidade e não essa".

Não é uma frase rotineira, *dizem-no com toda a alma*, e não somente durante a depressão, pois nesse caso pensaríamos que não recordam com a mesma vivacidade os padecimentos anteriores. Repetem-no quando a depressão já passou e podem compará-la com imparcialidade na recordação com as operações cirúrgicas, partos complicados, fraturas, cólicas, imobilizações de grandes zonas com gesso etc. Sempre repetem: "Mil vezes antes isso que outra depressão".

Esse dado é o que melhor nos permite avaliar o tamanho do tormento do deprimido, pois não se percebe de fora. O outro sinal de alarme é que quase todos os que padecem de uma depressão grave pedem a morte como o maior de seus desejos. Não veem outra saída, porque, como analisaremos mais detalhadamente, uma das amarguras da depressão é que apaga a ideia e os sentimentos de esperança. Por isso tantos deprimidos lutam dentro de si com a ideia do suicídio como libertação.

Segundo a Organização Mundial da Saúde, há no mundo uns 2000 suicídios diários e uns 800 se devem a enfermidades depressivas. Por que se suicidam? Porque não a podem suportar; *assim*, tão terrível chega a ser uma depressão.

Feitas essas reflexões, voltemos a observar o deprimido. Além de seu aspecto abatido e postura triste, não se percebe nada de especial. Um pouco pálido, sem sinais de dor física, pode mover-se com liberdade, respira bem, raciocina..., nada de anormal.

Como nada encontramos e por parecer tão afetado, perguntamos o que está acontecendo: este não sabe explicar.

Talvez esse nosso amigo tenha pouca facilidade de expressão. Repetimos a pergunta ao espanhol que a desfrutou ao máximo, Lope de Vega, que sofreu graves depressões. Numa delas (1610) nos diz: "Se me perguntasse a mim mesmo que mal tenho, não saberia responder-me, por mais tempo que pensasse".

Esse comentário de Lope de Vega nos leva diretamente ao capítulo seguinte.

3. O que nunca se deve fazer ou dizer a um deprimido

Se o próprio Lope de Vega não foi capaz de dizê-lo, como pretendemos que o diga a pobre vítima que temos diante de nós? Por isso, não há que dizer o que SEMPRE lhe estão dizendo: "Muito bem! Quer *explicar* de uma vez por todas o que é que está acontecendo?". *Não pode explicar.*

Devo recordar ao leitor que continuamos falando provisoriamente da *depressão-enfermidade*, a depressão "maior" ou endógena, não da depressão que têm os que ficam tristes por uma tragédia ou desgosto.

A *vivência depressiva* é indefinível. Parece consistir numa mistura de tristeza, amargura, remorso, angústia, desolação, pena, aflição, desesperança, apatia, consciência de incapacidade, sentimento de culpa..., com alguma dessas sensações em grau de máxima intensidade.

Pelo que relatam os enfermos, é semelhante à dor da alma que padecemos depois da morte de um ser muito querido, mas com mais intensidade. É a vivência do luto sem que ninguém tenha falecido.

Tem matizes da desolação da ruína súbita, da que sentem os que contemplam sua casa incendiada com todos os seus pertences, a que sofrem os que depois de uma nova calamidade veem desmoronar as últimas esperanças.

Acrescente-se a mordida do remorso, típico dos que depois de uma fraqueza comprovam que trouxe consequências impensadas com dano irreparável para eles e para os que mais amam. Algo semelhante ao que deve ter sentido Adão depois de comer da fruta proibida e se ver expulso do Paraíso.

A vivência depressiva: "Não compreendo por que estou triste"

Vivem essas emoções negativas sem que haja ocorrido algo que as justifique. No vazio. No início da enfermidade o deprimido costuma comentar: "Não compreendo porque estou tão triste, pois não me aconteceu nada". Portanto, não se deve dizer ao deprimido: "Mas por que você está assim?", porque ele não sabe.

Advertimos que isso ocorre preferencialmente no princípio da enfermidade. Nós, seres humanos, tendemos a buscar uma explicação lógica para nossas sensações e sentimentos, especialmente quando são de elevada intensidade. Se odiamos alguém, queremos encontrar um motivo que justifique, isso alivia a consciência. O mesmo ocorre ao deprimido, que "necessita" de uma justificativa e depois de certo tempo *atribui sua* pena a qualquer calamidade recente.

Na vida há tantas desgraças que sempre temos alguma próxima. A família e os amigos acabam aceitando a explicação do paciente, mesmo que não seja suficiente. Dizem-nos ao ouvido num cochicho: "É que morreu uma irmã de seu cunhado e estavam muito unidas, a pobre não se consola". Aturdidos pelos lamentos da enferma, não refletem e esquecem que a dita irmã do cunhado na realidade muito pouco importava à enferma, que não mostrou veemência de sentimentos durante o luto e que só semanas depois, por estar deprimida, foi quando começou a chorar pela ausente. Não é o motivo da depressão, é somente o assunto escolhido para não deixar no vazio os lamentos. Não tem relação de causalidade com o episódio depressivo.

Tal ausência de vinculação nos leva a outro conselho: *quase nunca* fazer o que *sempre* se faz: *tentar consolá-lo pelo motivo* de sua depressão, porque *não* é o motivo.

Não é o "motivo" da depressão

Nos casos em que uma depressão surge depois da perda de um ser muito querido, durante o luto, o médico deve tentar discriminar quais reações derivam da desgraça sofrida e quais derivam da enfermidade. O desgosto pode ter agido como fator desencadeador de uma depressão latente. Mais adiante explicaremos como se diferenciam todos esses fatores num estado depressivo.

Em raras ocasiões não há nenhuma desventura recente a que imputar os sentimentos depressivos, "tudo ia bem". O enfermo costuma inventar uma desgraça que não teve. Ele a imagina nos temores flutuantes que atingem a todos. Diz que está arruinado, que sua empresa vai suspender os pagamentos ou reduzir o número de funcionários, que se percebeu como um profissional incompetente, que vai perder o emprego e nunca mais encontrará outro. Há mil variantes:

Está assim desde que teve de preparar a declaração para a Fazenda; não sai de casa atemorizado pela insegurança social; só pensa na filha que tem em outro país; está convencido de que tem um câncer ou algo semelhante, mas que não conseguem diagnosticá-lo ou que os médicos o enganam; diz que seu marido já não pode desejá-la porque está velha e feia...

Não repetir os argumentos

Não repetir insistentemente os argumentos, com o vão empenho de convencer o paciente da irrealidade ou desproporção de seus temores. Enquanto se cura, ele perceberá por si mesmo, sem que ninguém tenha que lhe explicar. Enquanto dura a enfermidade continuará impermeável a qualquer raciocínio sobre o assunto. Ao insistir com ele uma ou outra vez, em vez de tranquilizá-lo, o deixará excitado e angustiado, imaginando que não o compreendem ou que os outros não percebem seu risco, ou ainda, que egoistamente pretendem ocultar-lhe seu drama para que os deixe em paz. A insistência "consoladora" é contraproducente, acaba desesperando o enfermo... e também o que está tentando ajudar, que acaba enfadado com a "a cabeça-dura" do paciente.

Não se enfadar com o deprimido

Este é outro conselho tão importante como difícil de seguir no trato diário: *não se enfadar com o deprimido.*

Na convivência com um deprimido é *indispensável recordar* continuamente algo evidente, mas que se esquece: *não está assim porque deseja*, nem por livre escolha. *Não depende de sua vontade* sair dessa enfermidade. O comentário habitual: "Anima-te! Levanta esse ânimo!", é tão improdutivo como dizer a um paciente com febre e vômito: "Ei, você! Pare com essa bobagem, baixa essa febre! Deixa de uma vez por todas de ter náuseas!". O enfermo febril se surpreenderá com o que estão lhe dizendo: o que ele mais queria! Mas não lhe baixa a temperatura como consequência de conselhos absurdos. Pelo contrário, o deprimido se desespera e aumenta seu sentimento de culpa e indignação.

Dessa característica das depressões deriva um conselho o qual agradecerão todos os deprimidos, não fazer quase nunca o que sempre se faz: *censurar o deprimido*. "Você deve deixar isso de lado...; é que você não faz nada para se animar..., se quisesse de verdade ser curado...". O depressivo necessita de efeito positivo, e frases como essas só humilham e desesperam ainda mais.

"Você deve deixar isso de lado"

Ao longo de tantos anos de exercício da psiquiatria, impressionou-me que quase todos os que padecem de uma depressão recordam logo, com muita amargura, essa atitude da família e dos amigos, quase inevitavelmente, pois, por não estarem advertidos, reagem assim.

O pior era quando meu marido me dizia que eu estava assim por minha culpa, que não fazia nada para me erguer. Que desespero ver que ninguém me entendia, diziam para que eu me distraísse, saísse para tomar ar ou para ir ao cinema; mas só essa ideia me parecia um tormento; não tinha forças para sair, inclusive me vestir ou tomar banho pela manhã, custava um mundo, como teria desejo de ir ao cinema?

O bloqueio da atividade, essa espécie de freio nas quatro rodas que tem o deprimido, já que qualquer tarefa rotineira e insignificante parece uma carga pesada, leva ao conselho: *não empurrar o deprimido para um tipo de atividade que requer esforço.*

O melhor é deixá-lo em paz

O erro da família é perfeitamente desculpável. Recordam ocasiões anteriores, quando o enfermo começou a sair, a se mover etc., iniciou-se a melhora. Confundem a interpretação e pensam que se agora o obrigam a uma atividade, colocarão em marcha os mecanismos da recuperação do paciente. Não é assim. Nas vezes anteriores reiniciou sua atividade porque já estava melhorando; na realidade pôde voltar a ser ativo porque a enfermidade desaparecia nessas datas. Agora também recuperará a iniciativa e o gosto pelas coisas quando melhorar. *Entretanto, o melhor é deixá-lo em paz, atendê-lo, sugerir-lhe sem causar angústia.*

A depressão impossibilita o desfrute de qualquer coisa. Se o levam para ver um filme cômico, "leve-o para ver se ri um pouco", só perceberá o enorme esforço que lhe custa sair de casa, que não é capaz de seguir a ação do filme porque cansa sua atenção; que os outros riem e ele permanece indiferente e que tende a se ensimesmar, dando voltas em seus melancólicos pensamentos sem dar atenção à projeção. Se isso ocorre em algo passivo e agradável como ver um filme cômico, podemos deduzir como fica abatido se o obrigam a ir ao trabalho, a enfrentar um problema ou uma tarefa árdua para a qual se sente incapacitado.

Comparecer ao trabalho?

Animá-lo ou dissuadi-lo a comparecer ao trabalho é um dilema muito delicado. Se abandona, parece um boxeador que lança a toalha e, em consequência, muitas famílias se empenham em que, por nada deste mundo deixe a tarefa profissional. "Ao trabalho, ao trabalho, não há melhor remédio do que o trabalho". Tal atitude pode se tornar válida enquanto os sintomas da depressão não são muito intensos. Caso contrário, além do sofrimento que comentamos, dará muito mal rendimento de trabalho e será difícil convencer seus superiores de que sua lentidão e falta de iniciativa são transitórias. Pode desprestigiar-se e perder por essa causa um emprego que conservará com uma solicitude de baixa por enfermidade.

"Te faria bem uma viagem"

Outro erro muito frequente é sugerir que o enfermo "mude de ares". "Te faria bem uma viagem, umas férias". As férias sim, mas não a viagem. As variantes são infinitas. "Isso se tira com o clima da montanha..."; "Você necessita de uns dias na praia, de tomar sol...". Se é inverno, despacham o deprimido para o Sul... e passa uns dias amargos nessa terra paradisíaca.

Esforço e gasto perdidos. A primeira coisa que o deprimido põe na bagagem é a depressão. Leva-a nas costas e o acompanha a qualquer lugar aonde vá, e o impossibilita por completo de desfrutar do novo ambiente.

"Logo passará sem mais nada". "Nesses casos não há nada pior do que se meter com os médicos". As depressões diminuem espontaneamente sem tratamento... meses depois como se tivessem sido curadas com um tratamento certeiro. Para que prolongar o sofrimento e aumentar os riscos por um preconceito contra a medicina?

"O que acontece é que você não tem problemas importantes... Se tivesse algo com que se preocupar de verdade...". Esse tipo de comentário infeliz costumam fazer, especialmente para as empregadas da casa, o que as irrita e desespera. Para o deprimido, qualquer intervenção, mesmo que nos pareça trivial ou infundada, é arrasadora. O deprimido não pode pensar em outra coisa, tudo o sujeita à preocupação que invade sua consciência, impedindo reflexões consoladoras. Seu comentário interno é: "Não se dão conta"; "acreditam que estou confuso ou que estou louco, e são eles que não se dão conta...". Reage como quem sabe que vai ocorrer uma desgraça, adverte aos outros para que a evitem e nota, com desespero crescente, que ninguém acredita nele. Por isso não se logra impedir a catástrofe.

"Depressão é coisa de rico... Se você tivesse que ganhar o pão como quem lavra terra, te faltariam tempo e vontade para essas fantasias". Tais observações, tão frequentes, demonstram uma notável insignificância por parte de quem as faz, pois mostra a inveja do comentarista, em geral um parente ou "amigo" mal situado economicamente. Essa falsa interpretação da depressão atinge tanto homens como mulheres. Irrita a todos e é outra grande injustiça, embora o enfermo seja rico, porque com a depressão se julga arruinado.

Há um velho provérbio: "Não é mais rico o que tem mais, mas o que deseja menos". O deprimido já não quer o dinheiro, como quando está sadio, para adquirir bens ou a sensação de poderio. Não tem desejo de comprar nem de possuir, nem de imaginar, nem de nada, já que está vitalmente inapetente. O que vibra dentro de sua alma é um pessimismo essencial, com a premonição de tragédia iminente. Uma das associações de ideias imediata é a de ruína total com suas piores consequências; "não vou poder dar de comer a meus filhos", "o que vai ser de nós?" Uma vez que a enfermidade fixou na mente da vítima uma ideia concorde com sua angústia e pessimismo depressivos, já não é possível deslocá-la de modo eficaz com raciocínios. O deprimido pode discorrer inteligentemente sobre outros temas, por exemplo a situação econômica de um amigo, mas não sobre a sua própria, que é tema da enfermidade. Se crê que está arruinado, a ameaça da miséria rasga sua alma, mesmo que nade na abundância.

É certo todo o anterior?

Não em todos os casos e de uma forma absoluta.
Então, por que nos foi dito assim?
Pareceu-me necessário exagerar para melhor chamar a atenção. Os que mencionei são erros de atuação quase inevitáveis, vejo-os constantemente em pessoas que têm a melhor boa vontade. Todos reagimos dessa forma se não tomarmos cuidado. Creio que agora, uma vez o leitor em estado de alerta, podemos matizar.
Convém uma primeira reflexão.
As pessoas que amam o deprimido estão também destroçadas.

Não tolera alegria junto de si

O contato com *o deprimido é aniquilador*. A enfermidade o obriga a semear tristeza, pessimismo e desalento ao seu redor. Não deixa um respiro, *não tolera alegria junto de si*, as tentativas de animá-lo são um fracasso ou duram só alguns instantes. Só faz sofrer e padecer. Muitas famílias, as mais afetuosas com o paciente, acabam com uma depressão reativa ao trauma da convivência com o enfermo.

"Sim, já lhe digo, doutor, quem vai terminar no sanatório vai ser eu!". Portanto, a seus membros, reduzidos na eficácia por sua própria depressão reativa, não se pode lhes pedir um milagre.

No exercício da medicina se comprova que, diante de um enfermo vulnerável, sua família pode adotar tipos de conduta muito variados, desde o egoísmo e desapego mais impiedosos até uma abnegação heróica, com toda a gama intermédia.

Não sei o que fazer!

Os egoístas se despreocupam do enfermo, seu único interesse centra-se em que o deprimido não estorve seus planos, nem os incomode com suas queixas e limitações. Abandonam o enfermo à sua sorte ou o internam num sanatório sem necessidade e, no melhor dos casos, vão visitá-lo um tempinho à tarde "porque nos foi dito que não o incomodemos". É inútil dar-lhes conselhos, sempre escolherão o que lhes for mais cômodo e ainda afirmarão que foi o que lhes recomendamos ou que é o que o enfermo deseja.

Os parentes próximos que amam de verdade o deprimido, que sentem sua dor e fazem todo o possível para ajudá-lo, em certas ocasiões durante a consulta nos causam tanta compaixão quanto o enfermo.

Já não sei o que fazer, se tento ajudá-lo e o estimulo para que faça alguma coisa, diz que o atormento, se me contenho e não lhe digo nada, se queixa de que o abandonei, que não me importa o que lhe acontece. De verdade, faça o que faça, sempre fracasso. Diga-me, que faço?

A enfermidade os impulsiona a atormentar

Essa combinação de angústia e desconcerto é muito frequente e nem sempre o médico consegue atenuá-la. Há deprimidos que reagem assim e convertem em aparentemente inútil toda a abnegação da família. *A enfermidade os impulsiona a atormentar quem mais os ama.* Podem chegar a verdadeiros requintes na tarefa, por exemplo, quando toda a família falha em ajudá-los, dizem: "O que mais me dói é que são tão bons comigo e eu os estou maltratando", e começa a chorar desconsoladamente e a família acaba também chorando.

Resumo dos temas essenciais deste capítulo

É muito importante conhecer que lhes ocorre o mesmo que a outras pessoas de boa vontade. *Que a tarefa pode ser superior às suas forças*, e ninguém, nem sua própria consciência deve censurá-los.

Não manter sentimento de culpa injustificado, que é o que pode ocorrer à família do deprimido.

A ajuda mais valiosa

Recordar que tudo desaparecerá espontaneamente ao se curar a enfermidade e, portanto, *a ajuda mais valiosa consiste em induzir ao tratamento* adequado. O deprimido, por seu pessimismo e sua típica convicção de que "não tem remédio", tende a abandonar-se a seu destino e não recorrer ao médico ou não seguir logo com os tratamentos.

Até que chegue a melhora do paciente, *deixar que passe a tempestade* com serenidade, sem atormentá-lo e sem se atormentar, mas mostrando em todo momento *carinho e interesse*; embora pareça não agradecer ou diga, como antes assinalamos, que sofre pelas demonstrações de afeto. *Não há que insistir*, entende perfeitamente, basta dizer-lhe as coisas uma vez em cada ocasião e repetir só de vez em quando; a insistência o incomoda.

Não se deixar escravizar pelo deprimido

A chave do relacionamento com o deprimido está na demonstração permanente de afeto, mas *sem se deixar escravizar por ele*, e ao mesmo tempo sem encurralá-lo. Que não tenha, na medida do possível, a sensação, nem de abandono, nem de impertinência e de modo especial *eliminar as recriminações injustas*.

O empurrãozinho para a atividade ou o otimismo para "consolar" ou "convencer" pode se tornar útil durante a fase de recuperação, quando começa a sair do poço escuro. Por isso *não se deve dar normas taxativas*, é preciso estar alerta às variações da depressão.

Independentemente da melhora final, com a qual termina a enfermidade, durante a depressão varia muito o estado de ânimo de um dia para outro. Também em cada dia é habitual que piore pela manhã ao despertar e que levante o ânimo ao entardecer (é a única enfermidade que melhora ao final do dia). É preciso aproveitar os "momentos bons" para animá-lo e fazer notar o calor do afeto da família e dos bons amigos. Nos baixos de acentuação da melancolia é preferível atendê-lo à distância, sem imposições. Preferem em muitos momentos estar sós, exceto os pacientes a quem assusta a solidão e pedem companhia.

Estão proibidas as perguntas ou afirmações em tom irritado ou impaciente do tipo que antes detalhamos, ter em conta em particular a proibição de: "Quer me explicar o que está acontecendo?"; "Você tem que pôr de lado... se quiser!"; "Depressão é coisa de rico"; "Como pode ver, você não tem problemas para se preocupar de verdade" etc.

Desaconselhadas as viagens "para que mude de ambiente e não continue com essa preocupação".

É imprescindível adiar as decisões importantes do enfermo, que agora está coagido por suas ideias de ruína, indignidade, incapacidade, ciúmes etc. São muito frequentes empenhos desatinados, como abandonar definitivamente o emprego, vender o negócio a qualquer preço, romper o compromisso de casamento... Ao melhorar, verá as coisas novamente diferentes, e se desesperará por ter tomado uma decisão lamentável e censurará os seus por não tê-lo dissuadido. "Vendo que estava mal da cabeça, como é possível que me deixaram fazer esse disparate?".

Explicar-lhe que está enfermo

Em lugar do empenho habitual, de argumentar sobre a falta de fundamento de seus temores, é melhor *expor-lhe serenamente que está enfermo* e que a enfermidade é que o impede de ver as coisas tais como são, que enquanto se cura, ele mesmo mudará de opinião. Convém centrar as diferenças de opinião nesse tema fundamental, que facilita convencê-lo de que deve buscar ajuda médica, em vez de todos se aborrecerem discutindo cada tema separadamente.

4. A depressão é a enfermidade do nosso tempo?

História da depressão

Escutamos constantemente que as depressões se estenderam como um rio que transborda pela sociedade contemporânea. Falam de uma "nova era de melancolia" e alguns aumentando mais insistem em que "as décadas de 1940 e 1950 foram as da angústia e as de 1960, 1970 e 1980 foram as décadas da depressão". Soa muito dramático, mas não está demonstrado, inclusive algumas formas clínicas como a maníaco-depressiva parece que diminuíram de frequência. O que é sim indubitável é o aumento espetacular do número de pessoas que acorrem hoje em dia a buscar ajuda por uma depressão e que há muito mais mulheres deprimidas do que homens.

O aumento vertiginoso de consultas é inegável, mas não significa necessariamente que tenha crescido o número de enfermos. Antes, a maioria dos deprimidos não chegava a ser diagnosticada e não formava cifra oficial. Por exemplo, quantos psiquiatras havia na Espanha na década de 1940? Menos de cem. Quantos há desde os anos 2000? Mais de sete mil. Quantos psicólogos? Nenhum. A psicologia não existiu entre nós como profissão independente até a década de 1950, embora alguns psiquiatras tenham conseguido fazer renome internacional dentro da psicologia. Quantos compatriotas nossos podiam permitir-se recorrer a um psiquiatra? Muito poucos. Desse grupo só uma pequena porcentagem vinha às consultas; a enfermidade "mental" se vivia como uma vergonha familiar, a tendência geral era ocultar o paciente em casa até que os sintomas se tornassem mais graves e alarmantes. Por outra parte, não existia um tratamento realmente eficaz; o perito só podia proporcionar o alívio de parte dos sintomas. Esse fato, mais ou menos publicamente aceito, desalentava, como é lógico, o enfermo e sua família.

Os peritos, que formação tinham? Como tantas vezes ocorre na Espanha, três ou quatro desfrutavam de merecida fama internacional, mas era um milagre porque nas faculdades de Medicina não havia a disciplina de Psiquiatria, tudo o que recebia o estudante eram aulas dentro da disciplina de Medicina Legal e ao catedrático de Medicina Legal, a disciplina de Psiquiatria importava muito pouco. Eles a usavam para as perícias judiciais, não para curar enfermos, isso é outra vocação.

Com frequência esquecemos quão longo é o caminho percorrido em poucos anos. O primeiro catedrático de Psiquiatria da Espanha foi meu pai, no meio da década de 1940. Quando minha formação terminou a carreira de Medicina em 1949, ainda não havia escola de Psiquiatria para estudar a especialidade.

– Então, como obtinham vocês o título de psiquiatra?

Muito simples, ao nos inscrever no Colégio de Médicos, no lugar da ficha em que se escreve "especialidade" escrevíamos muito contentes: "Neurologia e Psiquiatria" e já éramos ao mesmo tempo neurologistas e psiquiatras.

– Não é possível!

Sim, sim, é possível porque era assim.

— Bem, isso no plano oficial da titulação, mas na prática, como aprendiam a profissão para tratar seus enfermos?

Incrivelmente muito bem, acontece que aquelas três ou quatro figuras destacadas eram uns mestres sensacionais e dos que íamos ao hospital para trabalhar com eles (não recusavam ninguém), recebíamos uma formação de primeira classe. A Espanha é um país muito especial.

Às novas gerações é muito difícil imaginar as profundas mudanças feitas na cultura psicológica. Vivem embebidos em informação, certa ou falsa, de temas psiquiátricos. Filmes, televisão, artigos na imprensa, livros, colorido psicoanalítico de grande parte da análise cultural... Uma verdadeira lavagem cerebral de informação psicodinâmica. Antes, para a imensa maioria da população, o vazio absoluto.

Não é de estranhar que muitos deprimidos não percebessem que padeciam de uma enfermidade do estado de ânimo. Quando recorriam ao médico geral consultavam só os sintomas somáticos concomitantes, como a insônia ou a perda de apetite. Pouquíssimos médicos tinham preparação para perceber que por trás daquela tela de sintomas corporais se escondia uma depressão. Além de que houvesse ou não menos depressões, quase todas ficavam sem diagnóstico. Nem o próprio enfermo suspeitava que tinha uma depressão, pensava que "eram seus problemas".

Agora ocorre tudo ao contrário; uma preocupação obsessiva com a depressão. Todo mundo fala da depressão e quase todos creem tê-la. Fatores socioculturais, inclusive políticos, influenciam no modo de viver o problema e a forma de expressá-lo.

Existe hoje uma tendência coletiva a buscar o pretexto da enfermidade para encobrir os fracassos pessoais e para exigir da sociedade ou da medicina ou de qualquer outro ente impessoal "uma solução".

Em certas ocasiões, a justificação da enfermidade se torna tragicômica. Recordo nesse sentido um período (1974-1978) de minha consulta no Seguro Escolar para estudantes universitários. Era a época em que apareciam com cabelos longos, sujos, as unhas pretas, mal cheiro e com expressão muito hostil. No tempo de exames acorriam em massa à consulta "estudantes" que tinham suspendido todas as matérias.

— Diga-me, em que posso lhe ser útil?

Parecia um disco gravado, todos respondiam quase exatamente com as mesmas palavras.

— É que estou frustrado, marginalizado e alienado, a sociedade me rechaça; venho porque quero que me façam psicoterapia, nego-me a tomar remédios.

Na realidade não diziam "remédios", empregavam a palavra "drogas". Um após outro. O primeiro me surpreendeu, quanto ao terceiro que repetia com precisão as mesmas frases, pensei que me haviam preparado uma brincadeira pesada e que aqueles garotos estavam encenando. Não era assim. Pensavam exatamente o que diziam. Haviam sido convencidos. Vai por fases; nos últimos anos não voltei a ver quase nenhum com essa síndrome.

Os que analisam sociologicamente o aumento das depressões dão explicações sonoras, mas pouco convincentes:

> [...] A época atual de melancolia parece gerada não tanto pelos níveis absolutos de infelicidade quanto pelo desnível

entre as aspirações crescentes e um futuro que cada vez parece menos prometedor [...]. Os movimentos sociopolíticos se mostraram incapazes de gerar os futuros utópicos em que acreditavam...

Deixamos a especialistas em estatística averiguar se realmente aumenta o número de depressões ou é um estrelismo; a impressão geral é que sim, mas não na proporção que pensam os profanos. Ao deprimido serve de pouco consolo que sejam muitos os companheiros de infelicidade.

Desde a mais remota antiguidade e em diferentes culturas, existem descrições do inexplicável fenômeno depressivo endógeno. São parecidas com as de hoje, embora expressadas em diferentes linguagens e com interpretações religiosas, mágicas ou de tipo científico oficial segundo os critérios da época. A vítima e os espectadores, muitas vezes, não avaliaram o fenômeno como enfermidade.

Os gregos

Na cultura ocidental quase tudo tem um precedente entre os gregos; não podia faltar na depressão. É muito curiosa a anedota do primeiro médico importante da História, Hipócrates (460-375 a.C.), a quem pedem que diagnostique o filósofo Demócrito, que aparentemente tinha se tornado louco.

Pelos dados que temos parece que Demócrito padeceu primeiro uma fase depressiva e depois da inatividade que acompanha a depressão, iniciou uma fase de hipertimia com atividade febril que a seus contemporâneos pareceu muito estranha. Vivia rodeado de esqueletos e restos de animais que dissecava. Ao receber a visita de Hipócrates, Demócrito lhe contou que havia sofrido tanto com sua enfermidade que desejava descobrir um tratamento para curá-la e prevenir uma recaída. Nos cadáveres dos animais buscava a sede da "bílis negra", fonte da melancolia.

Hipócrates achou razoável e meritória a atitude do filósofo; era também sua: busca da causa natural e tentar pôr remédio. A etimologia da palavra "melancolia" deriva precisamente deste conceito grego da bílis negra (*melas*-negro, *chole*-bílis), que vai perdurar muitos séculos, com acréscimos tão pitorescos como a "melancolia ventosa" e substituições da bílis como agente causal por "vapores do baço", o "fermento demoníaco" e a "sujeira melancólica".

De certo modo é decepcionante comprovar que os gregos "já tinham dito tudo". É incrível a acumulação de talento, estudo, erudição, ordenação inteligente dos conhecimentos de que deram mostra esses ilustres predecessores de nossa cultura. Nos escritos de Hipócrates, Homero, Aristóteles, Areteu, Asclepíades, Plutarco e tantos outros, encontramos descrições nítidas de processos depressivos e maníacos. Também da sucessão desses estados na mesma pessoa.

Por exemplo, diz Areteu: "A mim parece que a melancolia é o começo da mania e parte dela". Os inteligentíssimos gregos observaram também a evolução em ciclos e que ao cessar os sintomas, à diferença de outras formas de "loucura", os melancólicos recobravam por completo sua personalidade normal. Também se deram conta da maior frequência em alguns tipos determinados de personalidade e tentaram tratamentos. Aureliano, Galeno e outros romanos seguiram a mesma pauta científico-natural.

Outras culturas

Em outras culturas, sem esse sistema de pensamento, também aparecem descrições da depressão. Nas Sagradas Escrituras há vários relatos minuciosos de depressões, por exemplo, a de um rei inimigo de Israel que:

> [...] cheio de perturbação se pôs na cama e adoeceu com tão intensa pena que permaneceu, assim, naquele lugar muitos dias, porque ia aumentando sua tristeza, de forma que pensou que morreria de tão abatido e oprimido de pesares como se encontrava [...].

– Em que abismo de tristeza me acho... apresentam-se à minha memória os males que causei... *morro de melancolia!*

Poderia ser o resumo de muitas histórias clínicas de deprimidos atuais: contém insônia, tristeza insondável com sensação de morte, inatividade, sentimento de culpa e remorso etc., os mesmos sintomas que nos relatam tantos de nossos pacientes, expressos numa linguagem arcaica.

Com as invasões dos bárbaros, se eclipsa a cultura greco-romana no Ocidente. Desaparece a figura do sábio profano. Os eruditos e pensadores são quase todos religiosos e entre outras muitas consequências nos encontramos com um enfoque novo, "espiritual", da depressão. A observação de algumas formas de depressão, em que suas vítimas estão tão carregadas de sentimento de culpa, faz com que se interpretem certas manifestações depressivas como formas de pecado.

Para a avaliação espiritual da tristeza, sintoma tão dominante nas depressões, os pensadores cristãos retomam as ideias de São Paulo, que falava de duas formas de tristeza: "Tristeza segundo Deus", que é em essência a tristeza do arrependimento por ter falhado e "tristeza segundo o mundo", que "produz a morte". A noção cristã de culpa e arrependimento vai associada à ideia do perdão, do abraço generoso de Deus ao pecador arrependido.

No estudo retrospectivo dos períodos de tristeza de algum dos grandes místicos cristãos, que sabem descrevê-los com tanta fineza psicológica, é importante o dado da esperança no perdão, para diferenciar a mera crise espiritual da depressão em que "não há esperança". A depressão se interpreta como pecado. É um espanhol, Santo Isidoro de Sevilha, que em seu livro *De Lamentatione Animae Dolentis* (bonito título para uma sonata de piano e violoncelo) liberta os pobres deprimidos da convicção coletiva de que eram eles mesmos com suas culpas os responsáveis pela situação. Santo Isidoro explica que é uma enfermidade produzida, ou por uma alteração dos humores, ou pelo efeito no corpo de um desgosto, interpretação que coincide com as atuais.

Os místicos medievais

Os místicos e teólogos medievais tropeçam com uma fonte de desorientações: as ideias de culpa e de condenação que tem o deprimido. Insiste-se em que ele pecou gravissimamente e que essa é a causa de seus males. Ele se autodeprecia (isso poderia ser um ato de virtude), mas também se "odeia" (difícil de interpretar moralmente), além disso, deseja a morte com veemência (para se aproximar de Deus em um "morro porque não morro" seria virtude, mas se a causa é uma recusa da vida e seus sofrimentos...), para cúmulo pensa com insistência no suicídio (o maior dos pecados, o de Judas). Não obstante tantas dificuldades, os pensadores religiosos foram identificando a depressão como enfermidade, sem relação com o pecado ou com as tentações do diabo; contudo, o suicídio não começa a ser concebido como expressão de enfermidade até os fins do século XVI e só por algumas mentes esclarecidas.

A hostilidade social no Ocidente contra o suicida (tantas vezes um deprimido) foi terrível até muito pouco tempo. O suicida estava condenado moralmente (por toda a eternidade), também socialmente (não podia ser enterrado em lugar sagrado, seus restos, desmembrados ou reduzidos a cinzas, recebiam sepultura em algum lugar infamante, como numa encruzilhada de caminhos; a família era condenada à desonra e ao ostracismo...). Nos países anglo-saxões a repressão era ainda mais brutal que nos latinos e penalizava de modo terrível a conduta suicida. Se um desses desgraçados não lograva morrer por sua mão, tinha pena de morte em tormento. Para melhor fazê-lo, primeiro precisavam curá-lo ou dar-lhe remédio, assim duraria mais e padeceria mais a fundo o "justo castigo" dos refinados suplícios a que era submetido até morrer. Nós humanos somos muito complicados.

Um dos místicos espanhóis teve grande talento literário e graças a essa condição contamos com descrições de uma beleza e precisão dificilmente alcançáveis em outra fonte. A "noite escura da alma", "noite da alma", "desconsolação espiritual" expressam em ocasiões vivências místicas puras e, em outras, se entrelaçam com sintomas depressivos. Os místicos e os santos também adoecem.

"Anatomia" da melancolia

Vemos que durante muitos séculos a depressão não foi enfocada como tema médico, mas espiritual e centralizada a atenção em grupo de sintomas inibitórios que se chamam "acédia" ou "acídia". No século XVI regressa do terreno religioso para o médico e ressurge a denominação de melancolia, junto a outras como *toedium vitae*.

Alguns dos livros sobre a depressão do final do século XVI e do XVII causaram grande impacto em seu tempo e continuaram a ser editados até a entrada do século XIX. Destacam-se *A Treatise of Melancholy*, de Bright (1586) e o famoso *Anatomy of Melancholy*, de R. Burton, publicado em 1624 e que influiu no pensamento clínico durante dois séculos. Pelo número de edições parece que se vendeu este livro nos dois séculos seguintes à sua publicação em três vezes mais exemplares que as obras de Shakespeare; foi um *bestseller* contínuo.

Paralelamente às reedições de *Anatomy of Melancholy* (dois séculos é um período muito prolongado) se modificavam as posturas sociopolíticas e morais e em cada nova impressão se refaziam longas introduções, se intercalavam parágrafos ou simplesmente os alteravam para conformá-los às ideias do novo editor. No prefácio da edição de 1801 podemos ler:

> *[...] e convencer os jovens de ambos os sexos de que uma vida dedicada ao hedonismo e à busca do concupiscente prazer... embota as faculdades da mente... cria uma fastidiosa apatia e lassidão e termina em melancolia [...].*

O aborrecimento como enfermidade

Alguns pensam que não é a depressão, mas o aborrecimento, a enfermidade de nosso tempo.

Os tratados de psiquiatria não têm um capítulo que diga: "aborrecimento – formas clínicas". Contudo, creio que seja interessante relatar uma anedota dessas, aparentemente insípidas, mas que permanecem marcadas na memória, que me ocorreu em 1950, no início da atividade como psiquiatra.

Eu trabalhava com meu pai e mestre Antonio Vallejo-Nágera. Uma tarde especialmente complicada com vários enfermos de assistência urgente se apresentou, sem prévio aviso, um conhecido de meu pai que trazia seu filho único, de dezesseis anos, alarmado pela conduta do garoto que "não consigo fazer com que se interesse por nada". Para não abandonar os casos urgentes e tampouco fazê-lo esperar demais, meu pai me encarregou que fosse estudando o jovem. Recordo meu desespero durante quase duas horas. Não encontrei nada. Pensei que se devia à minha imperícia e exagerei o cuidado ao extremo em todas as provas de memória, curso do pensamento, atenção, mímica, psicomotricidade etc. Nada.

Um tanto humilhado, voltei com as anotações para junto de meu pai.

– Não encontro nada de anormal, só que se aborrece. Meu mestre ensombreceu a expressão, leu atentamente as anotações e disse com tristeza: Que pena, não pensei que fosse tão grave.

Naquele tempo o aborrecimento como estilo de vida era uma raridade.

Século XIX

No século XIX os avanços do pensamento médico se centram na França. Dois psiquiatras, pai e filho, Falret, deixam estabelecido o conceito de "loucura circular" e de seu caráter hereditário. A guerra franco-prussiana desloca para a Alemanha triunfante e avalentoada os principais avanços científicos; ali Kahlbaum descreve claramente a melancolia e a mania, não como duas enfermidades independentes, mas como duas fases opostas da mesma doença. Pelo caráter "circular" da enfermidade se é grave, ele a chama de *vesania typica circularis*[1] e se é leve com prontas recuperações espontâneas de "ciclotimia".

A passagem do século XIX para o XX está marcada na psiquiatria por dois grandes talentos, Kraepelin e Freud. Infelizmente nunca se puseram de acordo e seus enfoques da depressão, diametralmente opostos, se transmitiram a seus discípulos, que atuaram em compartimentos estanques dividindo a psiquiatria em "psicodinâmica" e "organicista".

Os seguidores de Freud e da psicanálise creem que a causa de muitas depressões é psicológica. Consideram o estado de ânimo depressivo como uma forma de adaptação, que funciona como mecanismo de defesa. Voltaremos a esse tema ao descrever as depressões psicológicas e a neurose depressiva, mas em resumo formularam a depressão como uma manifestação de hostilidade contra a pessoa amada que se perdeu na infância. Existe uma reação de ódio contra o objeto de amor perdido, por "ter desaparecido". Esse ódio à pessoa amada provoca excessivo sentimento de culpa. Para se defender contra essa culpa, o indivíduo reverte os sentimentos de ódio e dirige-os contra si mesmo, em caráter de "autocastigo", daí a intensidade de sofrimentos do depressivo e que "se fechem a si todas as saídas". Certamente, os psicanalistas têm evoluído a partir dessa velha interpretação; logo descreveremos suas teses atuais.

Kraepelin e logo muitos seguidores (na realidade toda a psiquiatria "oficial", universitária, de todos os primeiros

---

1 NT: do latim – loucura típica circular.

quarenta anos do século XIX), rechaçaram a interpretação psicoanalítica de Freud. Para eles as depressões, muito especialmente as englobadas na psicose maníaco-depressiva, eram "endógenas", de causa orgânica vinculada a fatores hereditários. A essência está numa alteração do metabolismo nos setores que afetam o sistema nervoso.

Não podiam demonstrar qual era esse elemento químico alterado, mas por uma série de razões, especialmente o caráter hereditário da predisposição a padecer depressões, a independência que essas manifestam dos grandes traumas psíquicos e a vinculação das psicoses maníaco-depressivas a um certo tipo corporal (o pícnico) e a um temperamento (ciclotímico) demonstrado por E. Kretschmer nos anos 1920, estavam convencidos de que existe esse transtorno químico ou endócrino. Em essência era voltar à antiga interpretação "humoral", à "bílis negra que causa a melancolia" dos gregos, com a nomenclatura do século XX. Os últimos descobrimentos parecem ter-lhes dado razão.

Primeiro tratamento curativo de uma enfermidade mental

Enquanto esses dois corpos de doutrina, psicodinâmica e organicista, se desenvolviam sutilmente e seus defensores se enredavam em polêmicas ácidas e intermináveis, aos pobres enfermos deprimidos não lhes servia saber quem tinha razão, porque ninguém lhes trazia remédio, continuava não existindo tratamento eficaz. Os maníacos pareciam acalmar-se com um complicado sistema de banhos quentes muito prolongados, a insônia se aliviava com os hipnóticos barbitúricos (perigosos e propensos a produzir hábito), o apetite e a nutrição melhoravam parcialmente com aportes vitamínicos e... pouco mais.

Embora os psiquiatras do primeiro terço do século XX não pudessem curar seus pacientes, é preciso reconhecer que os estudavam muito bem. Continua impressionando a sutileza diagnóstica e prognóstica que alcançaram sem outros meios, além da observação.

Nessas certeiras análises se encontraram de modo empírico os primeiros tratamentos úteis em psiquiatria, ao comprovar que certas enfermidades orgânicas melhoravam os sintomas dos enfermos psíquicos. Num manicômio de Viena ocorreu uma epidemia com febre elevada. Um dos médicos, Wagner von Jaureg, soube avaliar a melhora que atrás dessas febres mostraram alguns dos enfermos mais graves do hospital, os de "paralisia geral progressiva dos alienados da mente".

É fácil cair no tópico de dizer que essas observações eram fruto da casualidade. Os enfermos mentais levavam vários séculos hospitalizados em amontoamento, padeciam constantemente de infecções febris e ninguém tinha prestado atenção e reagido de um modo inteligente à melhora produzida nos paralíticos. Wagner von Jaureg iniciou a busca de outras enfermidades com grande elevação febril; por si também melhoravam esses enfermos sem esperança. As enfermidades contagiadas deliberadamente deviam ser enfermidades facilmente curáveis e naquela época, sem quimioterapia nem antibióticos, não eram tantas as que se podiam manejar sem grande risco.

A eficácia da Quinina no paludismo fez com que fosse essa a infecção escolhida. Tinha várias vantagens: se transmite por injeção de sangue de um paludoso (é assim como o fazem os mosquitos), é uma das enfermidades com febre mais alta, que prossegue em acessos e pode-se interromper imediatamente no momento desejado com administração de Quinina.

Esse esquema tão simples funcionou. Ter paludismo durante vinte dias curava a "paralisia geral progressiva dos enlouquecidos". Era uma das mais terríveis enfermidades, seu nome o indica; as vítimas sofriam um processo de demência absoluta e, na etapa final, tão graves transtornos motores que ficavam condenadas a uma cadeira, as "poltronas dos paralíticos", em que presas por barrigueiras de lona para que não caíssem, babando, com a cabeça inclinada, empapadas em suas dejeções, eram uma porção de carne sofrida, sem vida anímica, que esperavam o lento final.

Que triunfo da medicina poder escrever o parágrafo anterior no passado! "Era". já não "é", não existe mais que como uma infeliz exceção em nenhum país desenvolvido.

Pela primeira vez na história, se dispunha de um tratamento que curava enfermos mentais graves e da esperança razoável de achar uma terapia eficaz.

Na década de 1920 foram feitas outras observações que iriam mudar a sorte de centenas de milhares de enfermos: a Insulina aliviava certas enfermidades mentais e alguns pacientes, que além de sua enfermidade mental, padeciam de epilepsia, melhoravam dos sintomas mentais depois de cada ataque epiléptico.

A Insulina acabava de ser descoberta e conseguiu-se a produção de laboratório. Entre outros efeitos tem o de abrir o apetite. Começou-se a utilizá-la nos hospitais psiquiátricos com este fim, melhorar a nutrição e o estado geral de enfermos que chegavam magros, como os morfinômanos que não queriam comer por sua agitação nos tratamentos de desintoxicação. Os médicos perceberam que não só se conseguia o efeito esperado, mas que ademais acalmava rápida e eficazmente a excitação e violência do enfermo. Não havia mais sedativos como os perigosos hipnóticos barbitúricos, pelo que esse efeito da Insulina se tornou uma bênção. Em todos os manicômios do mundo, a "agitação" (excitação violenta que requer contenção forçosa) era um pesadelo. Experimentaram a Insulina em grandes doses (o chamado "choque insulínico" ou técnica de Sakel), em outros enfermos agitados, como maníacos e esquizofrênicos. Na maioria não se obtiveram resultados alentadores, mas muitos esquizofrênicos não só diminuíram sua agitação, mas, com assombro dos médicos, melhoravam tanto de seus demais sintomas esquizofrênicos que podiam abandonar o hospital e retomar uma vida normal.

De novo pela primeira vez na história outra enfermidade mental com tratamento eficaz, a esquizofrenia, a mais característica representação da enfermidade mental.

Primeiro tratamento eficaz de depressão

Em um momento nem os deprimidos nem os maníacos se beneficiavam dos novos tratamentos. A esperança começou com outra descoberta: a melhora depois dos ataques epilépticos espontâneos.

Tratava-se de conseguir a provocação artificial de ataques epilépticos e observar os resultados. Hoje sabe-se muito dos mecanismos fisiopatológicos da epilepsia, mas então se ignorava quase tudo. Um acidente por injeção supostamente intramuscular de Cardiazol, que passou a intravenosa, desencadeou um ataque epiléptico. De novo um observador inteligente no momento oportuno: Von Meduna. O Cardiazol por via intravenosa desencadeia ataques epilépticos; obter-se-iam, com essas crises convulsivas artificiais, os mesmos benefícios observados depois dos ataques epilépticos espontâneos? A resposta foi afirmativa.

É muito difícil compreender hoje, com tantas possibilidades terapêuticas, o raio de esperança que suponha para os enfermos mentais "incuráveis" desde o tempo imemorial e para suas famílias, a aparição de cada uma dessas primeiras tentativas de recuperação.

Nesse caso, os mais beneficiados foram precisamente os maníacos e os grandes deprimidos. Também melhoravam muitos esquizofrênicos, mas na psicose maníaco-depressiva o efeito dos choques cardiazólicos tinha um caráter quase "milagroso", os sintomas desapareciam como por encanto em poucas sessões de tratamento.

O mal era o alto preço de sofrimento que tinha que pagar o deprimido por sua cura. Recordo-me muitas vezes, quando em minha consulta, um deprimido liberado em dez dias de seus sintomas pela medicação atual, ao escutar que deve continuar tomando-a por algumas semanas, contesta indignado: "Mas é que vou ter que tomar *sempre* umas pastilhas que secam a boca!". Não reagiria desse modo se conhecesse o calvário pelo qual passaram seus predecessores para obter o mesmo resultado.

Um ataque epiléptico dos chamados de "grande mal", com crise convulsiva generalizada, é um espetáculo que aterroriza. As convulsões, olhos em branco, espuma na boca etc., foram interpretados ao longo da história como influência do outro mundo, como uma mensagem dos deuses "enfermidade sagrada" ou dos maus espíritos (os epilépticos muitas vezes foram tratados de "endemoninhados"). Esse é o ponto de vista do espectador e pode-se adivinhar a angústia da família da vítima. O epiléptico, em compensação, tem um consolo: não presencia sua crise, perde o conhecimento ao iniciá-la. Desperta atordoado, com uma recordação confusa do ocorrido. Se as pessoas próximas se empenham em dissimular, arrumam as roupas e ele não tem dores como consequência dos golpes que se deu durante as convulsões e não mordeu a língua, em certos casos pode não se inteirar de que teve o ataque. Conheci alguns epilépticos que não sabiam que padeciam dessa enfermidade, graças às precauções e a este silêncio, de oportunidade muito discutível da família.

O drama do paciente submetido à crise de grande mal provocada pelo choque cardiazólico é que o ataque é idêntico em tudo, menos em uma coisa: o sujeito não perde instantaneamente a consciência no começo da crise, ele a conserva durante alguns segundos, e esse retardo o converte em um espectador aterrorizado de seu ataque. Nota as convulsões, os violentíssimos movimentos incontroláveis, o espasmo das mandíbulas, o relaxamento de esfíncteres etc. Os enfermos viviam essa experiência com uma angústia indefinível. Apesar da melhora imediata de sua dura enfermidade, alguns preferiam não se curar para não ter que passar de novo por esses instantes de terror. O medo do tratamento Cardiazólico era, para muitos, insuperável. É provável que o cardiazol, em doses convulsivógenas, provoque angústia por si mesmo, independente do susto de presenciar seu próprio ataque epiléptico. Eu trabalhei em crises cardiazólicas em ratos para minha tese doutoral, sobre a epilepsia audiógena dos ratos, e recordo a expressão de medo e desconcerto dos animais, enquanto tratavam de manter sua postura lutando com as primeiras contrações musculares. O rato não é um animal com muita modulação mímica e, contudo, a expressão de um elevado nível de pânico era notável. Pensei que podia ser imaginação minha, influenciado por ter falado de seu medo com muitos enfermos submetidos ao tratamento cardiazólico e fiz outros presenciarem minhas experiências com os ratos e todos tiveram a mesma impressão. Interrompi as experiências.

A missão dos investigadores médicos estava clara. Deviam buscar outra forma de provocação de ataques epilépticos, menos penosa que o Cardiazol intravenoso. Conseguiram-no dois médicos italianos nos anos 1930, Binni conseguiu crises convulsivas nos animais pela passagem de uma corrente elétrica através do cérebro. Ugo Cerletti fez as primeiras aplicações clínicas e desenvolveu a técnica da eletroconvulsoterapia, conhecida popularmente como Eletrochoque, que leva o nome desses dois investigadores: "método de Cerletti-Binni".

O Eletrochoque apresentava vantagens muito importantes sobre o Cardiazol. As convulsões são muito menos violentas e fundamentalmente a perda de consciência é instantânea, precede a todos os demais sintomas e essa crise epiléptica provocada, como que espontânea, vai seguida de amnésia do episódio. Em resumo, o paciente não se lembra da crise, pode chegar a não se inteirar de que esteve submetido a tratamento com Eletrochoque.

Esse tratamento, por si só, transformou na década de 1940 o aspecto de todos os hospitais psiquiátricos do mundo e o destino de centenas de milhares de enfermos. Sua indicação mais precisa eram as depressões e episódios maníacos, mas se tornou útil em diversos quadros graves de agitação psicomotora, na esquizofrenia, na síndrome de abstinência dos toxicômanos etc.

Vendo a história da depressão desde o ponto de vista do mais interessado – o enfermo que a padece –, nos encontramos na década de 1940 em que havia uma terapia muito eficaz, o Eletrochoque, com sérios inconvenientes e que é um tratamento ao qual não queríamos submeter ninguém, se pudéssemos escolher.

O fato de que "não queríamos submeter ninguém se..." é muito importante. Abordaremos isso detidamente ao estudar os tratamentos atuais da depressão e o lugar que o Eletrochoque ocupa entre eles.

Faremos um parêntesis na história dos tratamentos para comentar com detalhe a enfermidade e a preparação da consulta.

5. Como preparar a consulta

Consulta com o médico geral

É habitual que o deprimido consulte inicialmente seu médico de cabeceira ou um médico geral. Muitas vezes é também suficiente. Todos os médicos recebem treinamento psiquiátrico e se o caso lhe parece leve, como são a maioria das depressões, preferirá ele mesmo pô-lo num tratamento inicial, para evitar os incômodos de ir a um novo médico, voltar a contar toda a sua história, os deslocamentos, gastos etc.

Não se pode esquecer que o deprimido, na primeira vez que padece da enfermidade não a identifica e tem tendência a falar só de seus sintomas físicos (falta de apetite, insônia etc.) e ainda dissimula na consulta seu aspecto tristonho e abatido. Essa última reação é fácil de compreender se recordamos que as dores de dentes molares nos acontecem na antessala do dentista, mas a realidade é que o médico não pode ser um adivinho e os sintomas depressivos têm que lhe ser contados.

As enfermidades psíquicas não dão sinais reconhecíveis nas radiografias por percussão ou auscultação, se diagnosticam pelo que faz e pelo que diz o enfermo, *distinto de sua conduta habitual*.

Qualquer variação importante de conduta, por exemplo, a do deprimido, deve ser objeto de consulta e convém que o acompanhe algum membro da família, que tem a *difícil obrigação* de completar os dados que o paciente não fornece.

Ao recriminá-los por não terem prestado essa ajuda, costumam dizer com expressão de assombrada inocência: "Mas como íamos comentar diante dele que está anormal, se não o reconhece? Não nos atrevemos... Supúnhamos que vocês médicos têm costume"...

É certo que alguns deprimidos se negam a aceitar a índole emocional de sua enfermidade e se irritam com seus parentes quando o comentam em casa e muito mais na consulta. São *precisamente os que não* vão contar ao médico mais que os sintomas somáticos. O leitor não pode imaginar, porque parece absurdo, a quantidade de deprimidos que em meu consultório de psiquiatra não me falaram mais além de suas dores de cabeça e cansaço. Só ao perguntar-lhes se estão tristes e se choram a sós, seus olhos se enchem de lágrimas e o confirmam. Se não lhes perguntamos, é provável que vão embora sem o diagnóstico adequado.

O paciente, a princípio, crê que está triste, que isso é coisa sua, que se deve a seus problemas e que, se notou que não rende no trabalho e está fazendo uma série de manobras para que na empresa não percebam, é também problema seu e não tem por que manifestar em uma consulta médica.

Como informar ao médico sem que o enfermo se sinta ofendido? A família deve avisar antes por telefone, através de uma enfermeira ou escrever uma carta, antecipando o problema fundamental e a dificuldade para relatá-lo. Há uma infinidade de recursos. Não há desculpas para omitir a informação, pois pode ser fatal para o paciente.

Se o médico geral percebe que seu tratamento não melhora no tempo esperado, enviará o deprimido a um psiquiatra. Depois do primeiro episódio depressivo, o paciente, por iniciativa própria, recorre, em caso de recaída, diretamente ao especialista ou volta a seu médico de cabeceira, se assim preferir.

Consulta com o especialista
Dados que convêm estar preparados

Não se pretende que o paciente, que ademais sofre a apatia da depressão, leve elaborado todo o seu histórico clínico. Quem tem a obrigação de perguntar é o médico, mas é preciso ajudá-lo. Existe um tipo de família que se esmera durante a consulta em afirmações contraditórias e discussões intermináveis entre si. São muito frequentes:

> *Não, a que esteve internada num manicômio é sua tia Inácia, irmã de sua avó; não era irmã da minha avó, a família em que há um montão de loucos é a sua...; agora não nos perguntam isso, perguntam por sua família...; não, não foi nesse período que você teve a segunda crise, recordo que eu estava grávida de Luisa...*

O médico quase sempre está sufocado pela quantidade de trabalho pendente, não é bom aumentar-lhe essa sensação com estorvos desnecessários para sua difícil tarefa. Tem a obrigação de suportar e dominar a pressa, mas o que ganhamos em preparar-lhe uma armadilha quando este pretende nos ajudar?

Dentro das armadilhas mais frequentes está a de privá-lo das informações e tratamentos dos médicos que viram antes o paciente, já que os episódios psicopatológicos anteriores, que o enfermo considera "iguais a este", podem ter sido objeto de diferente diagnóstico: "... se esquecemos de trazer os papéis, se os deixamos em casa e viermos de Zamora". O médico *vai pedi-los*, é preciso levá-los.

Existe também a armadilha em direção oposta. Algumas famílias guardam cuidadosamente numa gaveta todos os papéis relacionados com enfermidades de distintos membros da família *misturados*. Aparecem na consulta com três enormes pastas prestes a se arrebentar, com radiografias de vinte anos atrás da sogra, análises, centenas de receitas sem identificar a quem correspondem. "Esta também é tua". "Que vai ser a minha, se é do ginecologista". "Esta radiografia creio que é de Josefita". "Que nada, mulher, que nada, é daquela convidada que teve pneumonia...".

Exagero? Já os convidaria para assistir à consulta um dia.

Do "que há em casa", o médico precisa dos diagnósticos, tratamentos e informações dos médicos anteriores, especialmente do último; as radiografias, eletroencefalogramas, *scanners*, análises etc., que os médicos anteriores tenham considerado relevantes.

Muito importante a relação dos *medicamentos que está tomando* ou tomou recentemente, *sem esquecer nenhum*. Precisamente nas depressões se usam fármacos que são *incompatíveis* com outros também úteis, mas cuja mistura é tóxica e é preciso deixar uns dias entre os tratamentos.

Antecedentes familiares e pessoais

Os antecedentes familiares podem ser dados com precisão, orientam o médico sobre a modalidade provável de evolução, prognóstico espontâneo etc., mas quase ninguém os pode proporcionar corretamente, estima-se que só se relatam nas consultas uns dez por cento desses dados. Nas gerações anteriores se escondiam, inclusive dos filhos e de outros parentes imediatos. A enfermidade mental do pai ou da mãe era um segredo cuidadosamente dissimulado, de que se fala com eufemismos: "Quando Teresa esteve delicada...".

Os antecedentes pessoais; na primeira consulta não há necessidade nem tempo de analisar minuciosamente a biografia do enfermo. Nos casos em que seja necessária a psicoterapia já se fará essa análise em sucessivas consultas.

Em compensação é preciso relatar na primeira consulta os grandes acontecimentos, como orfandade precoce, separação, privações, carências afetivas, traumas por uma figura hostil na infância ou qualquer outro tipo de sofrimento não habitual. Importa enunciar com equanimidade os graus de adaptação social, familiar e de trabalho ao longo da vida, e de modo especial se variaram no ano anterior à enfermidade.

Um precedente essencial é o das alterações do estado de ânimo. Teve antes temporadas em que estava injustificadamente alegre ou triste? É importante avaliar a intensidade e duração dessas variantes. O *essencial* é não esquecer se o paciente sofreu previamente uma alteração do estado de ânimo, oposto ao que agora tem, isto é, de alegria enfermiça se agora está deprimido ou uma depressão anterior se agora se apresenta eufórico. Insistimos tanto porque, com esse dado, muda inclusive o nome da enfermidade (fala-se de "transtorno bipolar" ou de "psicose maníaco-depressiva", segundo as nomenclaturas) e o que é muito mais importante: *o tratamento é distinto* se teve uma fase de sinal contrário.

Nessa fase da consulta, o médico passa a analisar a enfermidade atual e suas perguntas se adaptarão às possíveis modalidades clínicas, que descreveremos no capítulo seguinte.

6. Manifestações clínicas de uma depressão típica: "episódio depressivo maior"

Forma de começo

Costuma ser lento, iniciando-se com vários dias ou semanas de mal-estar geral e apatia. O paciente expressa queixas hipocondríacas (muito apreensivo) e preocupado com sua saúde), às quais vai concedendo progressiva importância. Simultaneamente se entristece e começa a chorar sozinho até que, ao se levantar em uma manhã, aparecem alarmantemente intensificados os sintomas, passando ao período de estado. Existem casos raros em que o começo é brusco e o enfermo que se deitou normal ou eufórico aparece pela manhã sem querer se levantar e com o quadro clínico da depressão em pleno desenvolvimento.

Hábito geral

O espectro típico do deprimido é o de uma pessoa aniquilada pela tragédia, menos quando logra por um momento compor a figura, o que comentamos que pode às vezes fazer precisamente ao ir à consulta pela primeira vez. A mímica é de tristeza, com choros frequentes e incontroláveis. Gestos abatidos, braços caídos, olhar de angústia ou perdido no vazio. Diante das palavras de ânimo ou de uma brincadeira afetuosa pode se animar brevemente, para cair de novo em sua desolação em poucos minutos.

Nos casos de depressão acentuada não se logra tirar do enfermo um sorriso durante toda a enfermidade. Um dos primeiros sinais de que se inicia a melhora é que sorri pela primeira vez, depois de tanto tempo sem fazê-lo.

Atividade

A diminuição de atividade, física e psíquica, é junto com a tristeza o outro sintoma fundamental da depressão. A sensação subjetiva é de astenia intensíssima, "cansaço infinito". Só a ideia de qualquer trabalho rotineiro o incomoda, "não posso". Pelas manhãs ao despertar, o momento pior do deprimido, causa-lhe um tormento enfrentar um novo dia. Geralmente se senta na beira da cama com as pernas penduradas, tarda minutos para se calçar, e antes de se vestir, pela metade volta a se deitar. Se o fazem se levantar, na primeira ocasião volta para a cama e se não lhe permitem deitar-se permanece sentado, cabisbaixo e inativo.

Inibição do curso do pensamento

A inibição do curso do pensamento a expressa: "É trabalhoso pensar". As ideias fluem lentamente, com dificuldade, as recordações tardam em se associar.

Em contraste com o tempo psíquico retardado e a inibição de toda atividade mental normal, brotam em abundância as ideias depressivas e os pensamentos tristes, parece que vão a favor da corrente, se associam com facilidade constituindo a atividade psíquica quase exclusiva do enfermo que "sempre volta ao mesmo". Também sua quase única atividade física é feita para manifestar seu estado de ânimo, prantos, gestos de desesperação, queixas, suspiros.

Ideias de suicídio

A algumas pessoas surpreende a "falta de tato" do médico, que pergunta abertamente ao enfermo sobre suas tentações de suicídio. Tem a obrigação de perguntar: o paciente não se aflige, costuma sentir um grande alívio ao confessá-las, leva muito tempo lutando com elas em seu interior, agora se sentirá menos só.

O médico indaga primeiro se tem "ideias negras", logo pergunta pela falta de vontade de viver. O deprimido concorda com veemência: "Sim, é a única coisa em que penso", e brotam as lágrimas. "Não me suicidei por minhas ideias e por meus filhos, mas se continuar assim, não sei até quando terei forças".

Não basta que o enfermo "decida" não se suicidar. É uma barreira importante, mas não suficiente. É preciso estar ao seu lado, apoiando-o nessa etapa.

Oscilações e irradiação do estado de ânimo

É típica a capacidade do deprimido para contagiar seu estado de ânimo, entristece a quantos o rodeiam (irradiação afetiva). Também ele se contagia com o estado de ânimo dos outros (sintonização afetiva) e graças a essa condição consegue se tranquilizar e inclusive pôr-se alegre, embora em poucos minutos volte a se afundar na depressão. A ressonância afetiva para os estímulos concordantes com seu estado de ânimo (os deprimentes) é muito superior a que tem em relação aos de sinal oposto e de muito maior duração. Misturada com a tristeza vai sempre uma carga de ansiedade, que pode ser tão imensa que domine o quadro: são as chamadas "depressões ansiosas".

Ideias delirantes

Em psiquiatria se chamam ideias delirantes as ideias falsas, sobrevindas patologicamente (não por engano ou por outro processo normal) e irredutíveis pela argumentação lógica (não se consegue convencê-lo). Na depressão essas ideias aparecem de modo secundário, como derivadas de uma necessidade interna do paciente de explicar-se a si mesmo e explicar aos outros sua tristeza e desesperação, de encontrar motivo, pelo que tais ideias são concordantes com o estado de ânimo: ideias de autodesprezo: "Sou um miserável"; "não sirvo para nada"; "não mereço viver"; "sou um estorvo para todos" etc. Ideias de autoacusação: "sou um monstro"; "semeei dano ao meu redor"; "tenho a culpa pela morte de..."; – de ruína ou de perda de afeto –, "já não me ama, me tornei um estorvo para ele e o perseguem tantas mulheres atraentes...".

Alucinações

As alucinações são falsas percepções dos sentidos, ver algo que não existe, ouvir palavras ou ruídos, degustar sabores, tocar ou sentir-se tocado sem que exista base real para tais percepções.

As alucinações são menos frequentes que as ideias delirantes, são uma raridade e dão um caráter atípico à depressão. Sempre que aparecem estão relacionadas com as ideias delirantes e pode ser complicado diferenciar se o que o enfermo expressa é uma alucinação (percepção) ou uma ideia delirante (convicção). Os episódios alucinatórios em geral são noturnos ou da transição vigília-sono. Os pacientes afirmam que viram "caras que fazem gestos de zombaria e de desprezo" ou ouviram de noite "os gritos horríveis dos torturados por minha culpa".

Inteligência e demais funções psíquicas conservadas

O deprimido conserva íntegras várias funções psíquicas como: inteligência, juízo, raciocínio, percepção, mas não pode colocá-las em jogo devido à sua apatia e inibição. É como um atleta que conserva sua musculatura, mas está atado a uma cadeira.

Sintomas somáticos

Mencionamos a abundante floração de sintomas das depressões. *A insônia* aparece precocemente e é um dos últimos sintomas a desaparecer. As pessoas que sofreram várias fases depressivas têm pânico em duas noites seguidas de insônia "porque já sei que vem em cima de mim outra depressão". É resistente às medicações hipnóticas e há o risco de que, por medo de não dormir, se habitue aos hipnóticos. *Anorexia*, a perda de apetite pode ser acentuada. "Não consigo comer nem um pouco". Nas famílias com mentalidade primitiva se organiza uma verdadeira luta para que o paciente coma: "Você vai enfraquecer"; "Se não comer não ficará curado" etc. A necessidade calórica do ser humano em repouso é pequena e o deprimido não vai melhorar antes por comer mais, se emagrecer ficará alegre ao melhorar, é a única vantagem que lhe resta da enfermidade, porque ao melhorar com os tratamentos atuais, abre-se muito o apetite e há tendência ao aumento de peso, resultado que hoje quase ninguém deseja. *A prisão de ventre* se associa com meteorismo, é uma prisão de ventre hipotônica, com diminuição da motilidade intestinal. *A diminuição da libido e da capacidade sexual* acompanha toda a depressão, tanto no homem como na mulher. *A fadiga muscular*, independente da inibição com a qual combina, dá o quadro tão chamativo de hipodinamia e de astenia da depressão.

Ritmo da sintomatologia

Já comentamos esse caráter tão típico das depressões endógenas, o ritmo flutuante da apresentação dos sintomas, útil para diferenciá-las das depressões reativas. Entre o início da enfermidade e seu desaparecimento há vários "pontos" com acentuação dos sintomas, alternando com outros períodos de melhora. Dentro de cada dia já sabemos que piora ao despertar e melhora ao entardecer, "ontem antes do jantar estava completamente normal e essa manhã...".

Evolução e prognóstico sem tratamento

A evolução espontânea da depressão corre em fases. Esse tipo de corrida se caracteriza por alternar os episódios patológicos com épocas de melhoras livres em absoluto de sintomas. *A duração média* de uma fase depressiva sem tratamento é de dois a quatro meses na primeira fase. Logo vão se alongando as fases depressivas que podem durar de um a dois anos. Existem depressões que constituem um episódio único que não se repetirá nunca na vida do enfermo. *O prognóstico* é bom quanto à recuperação em plenitude das faculdades mentais, passado o episódio depressivo.

7. Manifestações clínicas em uma fase de intensa euforia patológica: Mania e transtorno bipolar

Na nomenclatura psiquiátrica mais difundida hoje (DSM-III – *Diagnóstico e Estatístico de Transtornos Mentais*) não se usam "transtorno maníaco" nem "psicose maníaco-depressiva" como categorias diagnósticas, mas continua-se encontrando esses nomes na prática, em diagnósticos realizados anteriormente e muitos médicos continuarão usando-os, por isso convém saber o que significam. A descrição clássica dos sintomas é que pode dar uma ideia mais clara ao leitor.

Mania (generalidades)

A *síndrome maníaco* ou *mania* é o quadro clínico oposto à depressão. Fala-se de *fases maníacas* ou *episódios maníacos*.

Aparecem *na mania os mesmos sintomas da depressão, mas com sinal contrário*: ao invés de tristeza, alegria; ao invés de apatia, uma grande atividade. Os estados maníacos têm também alguns traços comuns com a depressão. Vamos enunciar em separado os traços de sinal oposto e os comuns.

Caracteres fundamentais de sinal oposto aos depressivos:

> 1) *Alegria imotivada, vital, com exaltação do ânimo e otimismo irrefreável;*
> 2) *Exaltação da psicomotricidade, da atividade, da iniciativa, do pensamento que gira muito rápido.* Se aparecem ideias delirantes são também de sinal oposto às da depressão: *ideias delirantes de grandeza, de poderio, de supervalorização do eu. Sensação física de prazer e bem-estar.*

O maníaco não se considera enfermo

Na realidade se encontra melhor do que tem estado em sua vida, não deseja modificar seu estado, *nem lhe ocorre que deve ir ao médico* para se curar (de quê? – diria ele), é preciso inventar algum pretexto para que vá à consulta, por exemplo: que acompanhe outra pessoa ou que "o vejam para estudar sua assombrosa memória e rapidez de pensamento, como um caso interessante" etc. Em alguns casos torna-se imprescindível a hospitalização breve, mesmo contra sua vontade. O motivo de "curá-lo" à força é a *periculosidade do maníaco*, particularmente para si mesmo, porque os sintomas maníacos podem levá-lo ao desprestígio e à ruína.

Caracteres comuns da mania e da depressão

Essas "duas caras da mesma enfermidade" têm alguns traços comuns:

> a) *Labilidade afetiva. Tanto na mania como na depressão há tendência a breves oscilações do estado de ânimo, para voltar cada um rapidamente a seu estado de ânimo fundamental, que na mania é o de alegria-euforia;*

> b) *Também têm em comum a evolução da enfermidade, com tendência a seguir em fases, isto é, com episódios em que o sujeito recupera sua normalidade, totalmente livre de sintomas;*

> c) *Em ambas se conservam as faculdades intelectuais, que não se deterioram pese a repetição das fases.*

Quadro clínico da mania
Começo

Ao contrário das depressões, o começo costuma ser brusco, aparecendo os sintomas em toda sua intensidade ao se levantar, no transcurso de poucas horas ou poucos dias. Alguns enfermos com fases maníacas apresentam o mesmo sintoma no início de todas elas, repetindo-se de modo quase fotográfico. Esse sintoma inicial da mania se chama "sintoma sinal" e é diferente em cada enfermo (um de meus pacientes começou suas cinco fases maníacas aparecendo na janela de sua casa "fazendo um discurso", outro inicia todas as suas aparecendo com os botões da camisa sem abotoar, outro sempre começa na rua dando suas roupas a um mendigo etc.). A família quando percebe o "sintoma sinal" sabe que se inicia uma fase maníaca e que deve agir. Existem casos em que a fase maníaca é precedida por uns dias de sintomas depressivos.

Aspecto geral

O enfermo aparece radiante, cheio de vida, de força, as expressões de seu rosto expressam alegria transbordante, as posturas e movimentos denotam a satisfação consigo mesmo. As roupas estão combinando com o estado de ânimo, prefere as cores fortes, desenhos chamativos, roupas juvenis. Se a mania é intensa, tende a se desnudar em público etc.

Atividade

Domina o quadro clínico. O enfermo se move incansável. Desde que desperta bem de manhã, sente a necessidade de empreender numerosas tarefas, que começa a executar com vigor para deixá-las à metade e passar para uma nova. Por exemplo, se sente grande desejo de mudar todos os móveis da casa de um quarto para outro "para uma melhor distribuição"; e quando já acumulou no corredor os móveis do dormitório esquece a necessidade da mudança, vai ao telefone para fazer várias ligações a pessoas que apenas conhece para lhes propor negócios. Vai a seu escritório, tira os papéis arquivados, também "para organizá-los melhor" e deixa o tapete semeado com eles, sai às compras e reaparece com trinta discos compactos, três escovas e uma máquina para fazer sorvetes, acompanhado do taxista que foi convidado para comer em sua casa etc. Muda constantemente de atividade. Qualquer estímulo interno o distrai da tarefa para iniciar outra. Não dá sinais de fadiga, mas é incapaz de perseverar muito tempo na mesma ocupação. Fala sem parar em grande velocidade e ri, com um riso contagioso (menos para os que o amam, que estão muito alarmados). Está afônico por falar tantas horas ininterruptamente.

Linguagem e curso do pensamento

A rapidez vertiginosa de seus atos é mais presente no pensamento. Em sua cabeça brotam ideias em turbilhão, cada estímulo induz uma multidão de associações, pelo que pese à rapidez com que fala e que não para de fazê-lo, não lhe dá tempo para expressar todos os elos de conexão de suas ideias, assim salta de uma para outra, dando à sua linguagem torrencial a falsa aparência de incoerente. A esse fenômeno se dá o nome de *fuga de ideias* e é típico da mania ("pensamento ideofugitivo").

Estado de ânimo

Oposto ao da depressão, caracteriza-se pela alegria transbordante. Ri espontaneamente e sua alegria aumenta ao falar com os outros, contanto que não se oponham a ele. Otimista, vê tudo cor-de-rosa, tudo lhe parece fácil e ao alcance de sua mão. Apresenta, como o deprimido, as faculdades de sintonização e irradiação afetivas, contagia os outros com sua alegria (como o deprimido entristece os acompanhantes). Seus chistes fazem graça e, por sua vez, ele é influenciado, embora só momentaneamente, pelo estado de ânimo de seus interlocutores. Junto com a alegria apresenta, de maneira aparentemente incongruente, uma *clara irritabilidade*. Se os parentes tentam se opor a seus desejos (de mudar os móveis etc.) se enfada e *chega com facilidade à agressão*. Se a oposição do ambiente é tenaz, desencadeiam-se os temíveis episódios de "fúria maníaca", com sua periculosidade.

Periculosidade do maníaco

Está baseada em sua irritabilidade e nas agressões que comete impulsionado por ela. Por outro lado, em consequência de suas ideias delirantes, por exemplo jogar-se de uma torre com guarda-chuva aberto, "paraquedas de minha invenção", ou perigo de tipo social e econômico pela supervalorização de sua capacidade, como ações políticas violentas, por exemplo se opor sozinho a uma manifestação extremista em marcha. Os riscos mais frequentes são o setor econômico e trabalhista, como assinar cheques em branco, doar todos os seus bens a uma fundação beneficente etc., que podem supor sua ruína ou o desprestígio no posto de trabalho, pois na empresa será difícil aceitar que essa pessoa que se porta de tal modo irracional e destrutivo para os interesses empresariais, voltará a ser um colaborador útil enquanto em tratamento; tem o risco de não recuperar a confiança que inspira em seu meio de trabalho.

Ideias delirantes

São geralmente de grandeza. Assegura possuir riquezas, conhecer intimamente chefes de estado a quem escreve, chama por telefone e tenta ver. Não mantém muito tempo a atenção na mesma ideia, mas passa de uma a outra sem ter em conta as anteriores, até que retorna a elas. O paciente adota atitudes concordes com as ideias delirantes (tom autoritário, olhares "donjuanescos" etc.) pelo que se diz que "representa seu papel".

Funções psíquicas conservadas

Conserva as capacidades de percepção, identificação e clareza da consciência, orientação e memória. Às vezes aparecem inclusive mais perspicazes, como sutileza para perceber estímulos mínimos e a surpreendente capacidade para relembrar fatos que normalmente esqueceu (poesias aprendidas na infância, o nome de todos seus companheiros de serviço militar etc.), por isso se fala de "hipermnésia maníaca". Tem capacidade de dirigir a atenção, mas não de mantê-la, já que varia com cada novo estímulo.

Sintomas somáticos

Grande insônia, com a característica de que em poucas horas de sono desperta descansado, fresco como uma rosa, parece não necessitar apenas de dormir. É difícil saber se existe anorexia, pois pede grande quantidade e variedade de alimentos, mas logo que começa a comer interrompe a comida lançando-se a qualquer outra atividade. Apresenta um incremento generalizado do *biotono* e aceleração dos processos vitais (aumento do metabolismo, pulso, pressão arterial etc.). Nas mulheres se apresenta amenorreia em quase todas as fases maníacas. É típico e claro o aumento da sudoração.

Ritmo da sintomatologia

Está sujeita, como na depressão, a flutuações constantes de intensidade, tanto de uns dias a outros em seu conjunto, como dentro do mesmo dia, sem que exista na mania o ritmo fixo de acentuação matutina e alívio vespertino que encontramos na depressão. A intensidade dos sintomas maníacos se influencia claramente pelos estímulos externos (por exemplo, a contenção forçosa provoca quase inevitavelmente acessos de fúria maníaca). É preciso sedar o paciente para seu traslado em ambulância.

Evolução espontânea e prognóstico

A evolução é parecida com a das depressões endógenas: fases maníacas seguidas de períodos intervalares completamente livres de sintomas, em que o indivíduo retoma suas tarefas com total normalidade. A duração, sem tratamento, pode ser de uns poucos dias a vários meses. Na mania se observa menor tendência do que na depressão para a cronicidade.

Frequência das fases

É muito variável de um paciente para outro, desde a apresentação de uma fase maníaca em uma só vez na vida do enfermo, até a repetição periódica, segundo avança sua idade, em períodos cada vez mais breves de perda de intensidade ou tornando mais longas as fases patológicas. As fases de mania podem alternar, no mesmo enfermo, com outras de depressão. Existe uma influência estacional, com preferente aparição das fases na primavera. O prognóstico quanto à vida do paciente é melhor do que nas depressões, pois não existe a tendência ao suicídio, e os acidentes mortais provocados pelas ideias delirantes são muito raros. Com os tratamentos atuais é fácil alcançar uma rápida diminuição.

Etiopatogenia da mania (causas da mania)

Explicamos os fatores orgânicos conjuntamente com os da depressão, já que são extremos opostos do transtorno de um mesmo sistema. O caráter endógeno é ainda mais patente do que nas depressões, posto que os "agentes desencadeadores" que possam induzir uma fase de euforia e que coincidam com ela são raros, já que os motivos para a euforia são muito menos frequentes, infelizmente, que os provocadores de tristeza. Vê-se surgir a alegria e o otimismo do maníaco em meio às circunstâncias mais desfavoráveis.

Herança
De modo mais claro que na depressão endógena há famílias em que a enfermidade é de aparecimento muito mais frequente do que no resto da população.

Incidência em cada sexo
Não se encontra uma explicação clara, mas a frequência é similar para os dois sexos; contudo, sabemos

que na depressão há mais que o dobro de mulheres do que de homens.

Predisposição constitucional
A enfermidade aparece preferentemente em indivíduos que quando estão normais são alegres, comunicativos e ativos, que nos tratados clássicos se descrevem como ciclotímicos. Esse tipo psicológico é o mesmo que está predisposto a padecer de depressões e é frequente que coincida com um tipo corporal chamado "pícnico": baixo, sólido, com tendência à obesidade e calvície precoce. A frequência da mania é muito menor que a das depressões (independentemente de fatores de erro, como a maior proporção de deprimidos que acorrem ao médico, já que os maníacos nunca se consideram enfermos e se os transtornos de conduta não são muito intensos, a família tampouco se preocupa com a conveniência de assistência médica).

A hipomania e a hipermania

Pode ser útil se familiarizar com dois termos técnicos muito utilizados. Uma pessoa pode apresentar um quadro clínico maníaco atenuado. Parte dos sintomas da mania, mas sem grande intensidade. Fala-se então da *hipomania* (uma mania de menor envergadura). A *hipermania* descreve um modo de ser ativo, otimista, rápido, que não chega a se tornar claramente patológico, mas que chama a atenção.

As combinações de sintomas maníacos e depressivos: A psicose maníaco-depressiva

Os transtornos bipolares

Descrevemos isoladamente as síndromes depressiva e maníaca. Uma mesma pessoa pode apresentar ambas. Há duas possibilidades: a primeira supõe que os sintomas de ambos os polos apareçam em uma mesma pessoa, mesclados em um só episódio, simultaneamente ou alternando-se no curso de poucos dias. A segunda possibilidade supõe que a mesma pessoa tenha padecido em distintas épocas de sua vida uma fase de sinal contrário a que tem agora, portanto teve ao menos uma vez depressão, e, em outra ocasião, sofreu de uma mania. Estamos, então, diante do que se chamava *psicose maníaco-depressiva*, que agora em uma terminologia muito difundida se chama *transtorno bipolar*, do qual há várias modalidades de evolução (transtorno bipolar misto, transtorno bipolar maníaco, transtorno bipolar depressivo).

Os sintomas da psicose maníaco-depressiva são exatamente os que descrevemos na depressão maior e na mania, também sua evolução, prognóstico e tratamento (esse último, de acordo com a sintomatologia de euforia ou de depressão). Na realidade muitas pessoas que só apresentaram fases maníacas ou fases depressivas maiores podem se considerar afetadas de uma *psicose maníaco-depressiva*, que só se manifestou em um dos polos.

Se uma pessoa teve episódios depressivos e maníacos leves, sem ideias delirantes nem alucinações, nem transtornos de conduta alarmantes, se denomina *transtorno ciclotímico*. É também mais frequente nas mulheres do que nos homens.

8. As neuroses depressivas

"Estou enfermo ou me tornei triste?"

Até esse momento falamos dos que padecem de depressão como uma forma de enfermidade somática, contudo, um grande número dos deprimidos que encontramos na vida cotidiana estão deprimidos como consequência de uma tragédia pessoal ou de uma situação de desgosto permanente. É do sentido comum compreender que há casos extremos em que atua quase só um tipo de fatores, endógeno ou psicogênico, mas em sua imensa maioria se combinam em grau distinto.

Pôr-se triste depois de um acontecimento penoso é normal. Contudo, estar habitualmente triste de forma crônica e sem motivo claro é uma variante do comportamento humano que pode ter muitos graus, que vão do quase normal até o claramente patológico.

O caráter melancólico

O *modo de ser melancólico* pode ser interpretado como a fixação e cronificação de um tipo de resposta normal que deixou de ser sã precisamente porque já não corresponde ao estímulo provocador. Vem inoportunamente e, em vez de funcionar como um recurso protetor, age como elemento de perturbação, como fonte de *sofrimento desnecessário*, e esse é o eixo das neuroses.

Em que momento deixa de ser normal uma resposta depressiva? Essa dúvida sobre a normalidade surge há tempos na medicina. Com quantos centímetros de altura um senhor deixa de ser baixinho e se torna um anão? Um centímetro a mais? Um a menos? Quem sofre uma dor de cabeça é um enfermo? E se a dor de cabeça é muito mais intensa, prolongada e frequente? A dor de cabeça é um sintoma de má função, mesmo que seja leve, não tem uma missão útil. Diante da tristeza torna-se mais difícil discernir seu caráter patológico, porque é uma resposta normal e uma tentativa de enfrentar a realidade adversa.

A tristeza como forma de adaptação

A tristeza acompanha todas as pessoas sadias em certos momentos como uma forma de adaptação. É uma resposta biológica que se observa também em muitos mamíferos, de modo particular entre os primatas. Os estudos recentes se desenvolveram em dois campos: por uma parte, a etologia e a psicologia comparada e por outra, os estudos do desenvolvimento infantil humano.

É tão evidente a semelhança entre as reações dos humanos e as dos primatas, diante da morte ou perda de um filho ou desse filho diante da perda ou separação da mãe, que se utiliza da experimentação animal para conhecer melhor as reações humanas.

Diante da perda da mãe, tanto as crianças como os animais manifestam angústia, queixas intensas, agitação e protesto. Em uma segunda etapa, como se estivessem convencidos da inutilidade da reação inicial, passam ao abandono da relação com os outros, renunciam à participação nas tarefas do grupo e à atividade em geral. Interpreta-se todo esse comportamento como um sinal social, manifestação de desamparo e pedido de ajuda. O componente corporal, endocrinológico e de função do sistema nervoso durante a fase de protesto é distinto do que aparece na fase de desesperação.

Reações depressivas

Dado que a resposta depressiva humana é típica em muitas situações, a medicina deve esclarecer em que momento deixa de ser normal. Utiliza quatro valores:

   a) *A duração da reação;*
   b) *A intensidade;*
   c) *A existência de um acontecimento provocador (desencadeador);*
   d) *O aparecimento de sintomas que o indivíduo normal não tem (como alucinações ou ideias delirantes).*

Para que uma reação depressiva seja considerada patológica, um dos dois primeiros valores, a duração ou a intensidade, deve ser claramente superior ao habitual. Se não se associa com um acontecimento desencadeador, de modo claro e taxativo, é suspeita de depressão endógena. Se aparecem alucinações ou ideias delirantes, já não estamos diante de uma neurose: a afloração desses sintomas a classifica como psicose.

A frequência das neuroses depressivas ou reações depressivas é muito grande. Um estudo sobre todos os pacientes que recorrem aos ambulatórios do tipo dos da Segurança Social indica que de 5% a 10% padecem essencialmente de uma neurose depressiva.

O fator desencadeador

Pode ser qualquer um que afete profundamente essa pessoa. Os mais típicos e frequentes são: a morte de um esposo ou esposa, da mãe, pai ou um ser muito querido. A perda de um amor (variante depressiva que na Idade Média recebia um nome precioso, "Mal de amores" e dava um prestígio pouco invejável quando por extremada levava a um desenlace fatal: "Morreu de amor"). Qualquer outro drama pessoal, como divórcio não desejado, perda da honra (quando se aprecia), vergonha diante da coletividade, o desemprego, a aposentadoria etc... ("Não voltou a ser o mesmo").

Os sintomas são, em essência, os das vivências do duelo tão frequentes de que todos nos lembramos por recordação subjetiva ou pela observação de outros. Parecem-se muito às vivências da depressão "maior", com alguns matizes diferenciais que não aparecem sempre. Por exemplo, na depressão endógena é muito intenso o sentimento de culpa e na neurose depressiva se substitui pela perda da autoestima ("Já não sirvo para nada") e não há tanta fantasia de culpa.

Para o diagnóstico diferencial é importante que o neurótico depressivo não tenha aquele ritmo diário, com acentuação pela manhã ao despertar e melhora ao entardecer, tão estranho, mas que é tão constante nos deprimidos "maiores". Sobe e abaixa a intensidade da depressão neurótica com os incidentes da vida cotidiana, não com os ritmos biológicos.

Os sintomas físicos, o aspecto de abatimento, a mímica, a posição do corpo, o desleixo que chega a desalinho etc., são semelhantes aos das demais depressões. Não é tão intensa a insônia como nas endógenas e destacam-se as queixas do aparelho digestivo: perda de apetite, prisão de ventre, azia, meteorismo. Também dores de cabeça, mal-estar geral e dores parecidas com as dos artríticos. Qualquer uma dessas queixas pode levar a erros de diagnósticos se a depressão está ainda mascarada. Alguma vez o médico chega a não saber se além da depressão, o paciente tem alguma enfermidade orgânica que não conseguiu diagnosticar e que produz esses sintomas. A incógnita se esclarece quando se cura a depressão, porque com ela desaparecem todas essas queixas.

Predisposição para a depressão neurótica

Há pessoas frágeis diante da adversidade, que se dobram e se abandonam à depressão. Outras já são tristes por caráter, as *personalidades depressivas*: pessimistas, que só veem o lado escuro das coisas, sensíveis, que se ofendem ou sofrem pelo menor detalhe, que sempre creem que tudo vai piorar. Costumam ser passivas e muito exigentes com os outros no plano afetivo. Esse tipo de personalidade é o que mais predispõe a uma reação depressiva neurótica.

Também existe o frequente caso de um paciente com predisposição para uma depressão endógena que está latente e se põe em marcha por um grande desgosto. Somam-se a reação depressiva e o fator fisiopatológico da depressão endógena. Supera-se a reação depressiva e persiste só o componente endógeno (pode ocorrer o inverso e se atenuar antes o fator endógeno e perdurar o neurótico). Meu bom amigo e antigo mestre J.J. López Ibor, que tem particular talento para pôr nomes acertados, chama essa conjuntura de "depressão cristalizada". Serve para compreender quão entrelaçadas estão as distintas formas de depressão.

O modo de viver a depressão neurótica

O enfrentamento de uma calamidade se expressa de modo diferente em cada pessoa. Basta observar um noticiário na televisão com imagens das famílias das vítimas de um terremoto, inundação, atentado terrorista ou os mineiros barrados numa galeria; em países asiáticos tendem a manifestar uma dor silenciosa, em outras áreas geográficas, gritos, lamentos, olhos em branco, prantos com um palmo de boca aberta etc. Há padrões culturais coletivos de expressão de pena e também influenciam a educação da pessoa, os costumes de sua família etc. Como é lógico, toda essa superestrutura também se nota nas depressões. Uma histérica analfabeta da montanha é muito mais ruidosa no sanatório do que um engenheiro norueguês. Paralelamente aos elementos culturais e de educação estão os traços da personalidade. Há dois tipos de personalidade com diferenças muito evidentes em seu estilo de viver a depressão neurótica, a personalidade histérica e a obsessiva.

A depressão histérica

A *personalidade histérica* é ruidosa e teatral. Ao histérico o entusiasma chamar a atenção. Para a cenografia de sua depressão maneja todo um arsenal histriônico: suspiros, desmaios, lamentos, gemidos, arrotos, tremores, ameaças de suicídio gritadas com voz rouca e olhos esbugalhados: "Aaaaaiiiii!"; "Vou me mataaaaarrrr!" etc.

O histérico tenta parecer muito mais grave do que está, pois obtém um "ganho" com sua enfermidade, para que o escutem em seus pedidos de afeto e atenção. Chega a fazer uma espécie de chantagem moral à sua família e a amigos, aos que mantêm suspensos de modo especial com ameaças de suicídio.

No parágrafo da depressão endógena insisti no risco do suicídio, como ato repentino em curto-circuito sem preparação para a família. Nos histéricos com depressão neurótica ocorre o contrário. Suas ameaças de suicídio são precisamente isso, ameaças e o que os castiços de linguagem chamam de "fazer farol". Com seu amor em cena, o histérico tende a representar o suicídio, abre a janela gritando que vai se jogar, faz um pequeno corte nas veias, toma três ou quatro comprimidos de um hipnótico, sempre quando calcula que podem vê-lo e "salvá-lo". O perigo está em que calcule mal e caia da janela, que o corte seja mais profundo ou os comprimidos mais tóxicos do que supunha etc. Portanto, não se pode descuidar de toda vigilância, nem cair na tentação de "apagar o fogo": "Anda, já está aberta a janela, pula!", que é o que muitas famílias acabam fazendo. Embora o expresse de um modo fingido e ridículo, o deprimido neurótico com personalidade histérica sofre intensamente (é o mais impressionado por sua própria representação) e toda a sintomatologia é um desesperado pedido de auxílio, de atenção e de carinho. Não se pode deixar-se dominar e explorar por ele, mas é preciso atendê-lo e ajudá-lo.

A personalidade obsessiva

Está no lado oposto. O sujeito de caráter obsessivo tem um superego muito rígido, é desmedidamente exigente consigo mesmo. Não se queixa, inclusive nega os sintomas quando lhe perguntam. Sempre crê que ele é quem tem a culpa. Em toda depressão neurótica há um fator de ambivalência e de agressão, de censura aos outros. No obsessivo tudo se manifesta em surdina, tende ao isolamento, à perda da autoestima. Ele se desvaloriza e crê não merecer a ajuda dos outros.

Tratamento da neurose depressiva
Medicação

O tratamento específico da neurose depressiva é psicoterápico, não medicamentoso, mas na leitura destas páginas fica claro que na maioria dos enfermos se combinam fatores endógenos e psicógenos. Os pacientes que só melhoram com psicoterapia ou medicação são casos extremos. Os deprimidos neuróticos se aliviam com as mesmas medicações da depressão maior: tranquilizantes e timolépticos. Em geral bastam menos doses e as medicações menos fortes, do tipo dos tranquilizantes menores.

Alguns puritanos da psicoterapia dizem que nunca se deve dar medicação ao neurótico porque "altera a relação psicoterápica". Outros não pensam assim. A psicoterapia é lenta em ação e os tranquilizantes são rápidos, atuam em poucos minutos. Não vejo nenhum inconveniente em utilizá-los para aliviar de imediato o paciente enquanto se elabora a ação psicoterápica.

Outra queixa dos exclusivistas da psicoterapia é que ao melhorar com a medicação, o paciente abandona as consultas, pois se encontra bem e não realiza a reforma da estrutura de sua personalidade que pode impedi-lo de cair de novo numa reação patológica. A verdade é que se encontrava bem antes da reação depressiva e agora também está satisfeito, não parece muito necessário empurrá-lo para que continue durante meses em psicoterapia. Se recair, já pedirá auxílio de novo e avisado pela experiência anterior será mais constante em seu treinamento psicoterápico. Se não recair, parabéns!

Superada a fase aguda, convém sim suprimir a medicação e seguir só com psicoterapia, fundamentalmente para que não faça um hábito da medicação. Sofrem tanto com a depressão que alguns têm pavor de recair e se aferram a seguir aos medicamentos quando o médico diz que devem suprimi-los. Hoje em dia é muito frequente a postura contrária, muitas pessoas têm medo das medicações e resistem a tomá-las ou as abandonam no primeiro sintoma secundário ou na primeira manifestação de melhora, pelo que recaem desnecessariamente. "É que eu não sou amigo de remédios". O médico tampouco deve ser e não indicar mais que o necessário.

Psicoterapia de apoio

Chama-se *psicoterapia de apoio* a utilização técnica da sólida relação de confiança, apoio e desabafo que o paciente estabelece com seu médico. O médico também se entretém com os parentes para explicar-lhes como podem ajudar melhor o enfermo nessa etapa de desânimo. Numa enfermidade como a depressão neurótica, em que são tão importantes os fatores ambientais, o médico se vê às vezes obrigado ao que pode lhe parecer "meter-se em camisa de força" e fazer recomendações de modificação do ambiente do enfermo. "Minha mulher diz que o piso é muito escuro, que se o mudarmos melhorará da depressão". "Meu marido diz que está deprimido porque não pode aguentar viver com os sogros". São decisões muito graves, o cômodo para o clínico é evitar tudo o que não seja tema estritamente médico. Mais precisamente na depressão neurótica um desses espinhos irritantes pode ser essencial, ou o enfermo utilizar a enfermidade para conseguir o que quer. O médico tenta esclarecer essa dúvida.

A psicoterapia de apoio é suficiente em grande número de depressões neuróticas, de modo especial quando se trata de uma personalidade madura, transtornada por um acontecimento trágico. Nos casos em que sob a depressão se adivinha um profundo transtorno de personalidade, convém aproveitar a depressão para iniciar uma psicoterapia dinâmica, de tipo analítico ou de outra modalidade das chamadas de *insight* ou de tipo condutor e fazer uma reestruturação do caráter.

Merecem especial atenção os chamados "lutos patológicos". As pessoas que "não se consolam" da perda de um ser querido e prolongam durante anos a reação de luto espiritual. "Faz três anos que só sai de casa para ir ao trabalho e ao cemitério para visitar o túmulo de sua mulher, continua de luto, nem sequer assiste televisão".

Quase sempre se encontra uma reação ambivalente de amor e ódio. "Não lhe perdoam" tê-los deixado. O luto é uma censura ao morto: "Você me abandonou".

A psicoterapia de introspecção, ao lhes revelar esses mecanismos inconscientes, permite ao paciente expressar o rancor e assim descongelar o bloqueio do estado de ânimo fossilizado na dor espiritual.

9. Outras formas clínicas de depressão

Diagnóstico diferencial

Há outras muitas formas de depressão e existem também diversas enfermidades que podem manifestar-se através de sintomas depressivos, que provocam erros diagnósticos.

Na medicina se chama *diagnóstico diferencial* a técnica que permite discernir de qual das enfermidades se trata, entre as que podem prestar-se para confusão.

Síndrome afetivo-orgânica com depressão

O deprimido é um enfermo que requer ser visto ao *menos por um médico*, não pode passar diretamente ao psicólogo ou outro profissional afim, pois *algumas enfermidades orgânicas produzem sintomas depressivos*, em certos casos quase idênticos aos da depressão endógena e o médico é quem está mais bem capacitado para o diagnóstico diferencial.

Destacam-se na aparência enganosa de depressão os sintomas iniciais de alguns tumores cerebrais da área temporal. São as chamadas "formas psíquicas", porque as alterações mentais e do estado de ânimo aparecem antes que se tornem perceptíveis os sintomas focais neurológicos, os de hipertensão intracraniana e outros sintomas que possam orientar o diagnóstico do tumor se o médico não é perito. Na hipertensão cardiovascular aparecem expressões de irritabilidade ou de desânimo e apatia que também podem ser confundidos com uma depressão. A paralisia cerebral, de que falamos na história das depressões e que hoje por sorte é uma raridade, também pode simular quase perfeitamente uma depressão ou uma excitação maníaca.

Na desabituação de drogas, entre elas as anfetaminas, aparecem quadros depressivos de tipo apático, que podem durar meses e inclusive anos. Pelo contrário, já advertimos que o deprimido, nas etapas iniciais, se queixa a seu médico preferentemente de moléstias orgânicas. Sem mencionar os sintomas depressivos, muitos deprimidos foram tratados com medicamentos e inclusive intervenções cirúrgicas correspondentes às enfermidades com que confundiram sua depressão.

Diante de uma depressão, o médico sempre busca os sinais ocultos que permitem fazer o diagnóstico diferencial com uma possível enfermidade orgânica, indica análises, exames de laboratório, eletroencefalogramas etc., antes de indicar só o tratamento antidepressivo, que faria perder um tempo precioso se essa for outra enfermidade. É evidente que tudo isso deve ser realizado pelo médico.

Nos casos em que uma enfermidade orgânica é a responsável pelo aparecimento de sintomas depressivos se fala de *síndrome afetivo-orgânica com depressão*.

Transtorno psicoafetivo

Algumas enfermidades mentais, como certas formas de *esquizofrenia*, em especial as catatônicas, produzem apatia, bloqueio psicomotor e um colorido do ânimo depressivo, que também pode induzir a erros. Não se diagnostica depressão se os sintomas depressivos apareceram depois de um surto esquizofrênico ou se a personalidade do sujeito antes de adoecer apresentava características esquizoides, em vez de ciclotímicas. Quando não está claro o diagnóstico diferencial diagnostica-se como *transtorno piscoafetivo*.

Em algumas formas neuróticas crônicas e graves, como uma neurose obsessiva compulsiva, cujo conteúdo domine as ideias de culpa e seja acompanhada de tristeza e pesadelo, e pela apatia por abandono da luta, podem surgir erros nos diagnósticos. Também é possível que se somem as duas enfermidades ao cair o obsessivo crônico em estado de depressão.

Ocorre algo semelhante com alcoólicos crônicos graves que apresentam sintomas depressivos intensos e tentam aliviar com mais quantidade de álcool, fechando um círculo vicioso de ação de reforço das duas entidades clínicas. Não tem forças para deixar o álcool, diz ele, porque está deprimido e a depressão não pode melhorar enquanto continuar bebendo de modo imoderado. Tem que começar por deixar o álcool.

Transtorno distímico

É na nova nomenclatura uma depressão que não tem sintomas "psicóticos" (alucinações, ideias delirantes, daí a denominação de "neurótica" em contraposição à "psicótica"). Os sintomas fundamentais são um estado de ânimo baixo, triste, abatido e com a incapacidade de desfrutar, de obter prazer ou de manifestar entusiasmo. São sintomas muito parecidos com os da depressão "maior", mas sem tanta intensidade e duração. É uma depressão maior mitigada e sem traços psicóticos.

Como nas depressões "maiores", há intervalos de melhora ou desaparecimento dos sintomas, durante dias ou semanas. O começo é insidioso e a enfermidade tem tendência à cronificação.

Pela relativa leveza dos sintomas só raramente se produzem casos de incapacidade de trabalho, pois o paciente continua indo ao trabalho. A cronificação e o baixo rendimento é o que podem fazê-los perder o emprego. Não apresentam situações alarmantes, como tentativas de suicídio e o tratamento se faz em regime ambulatorial.

Como muitas formas de depressão, é mais frequente nas mulheres do que nos homens. Atuam como fatores predisponentes transtornos físicos crônicos, o esgotamento prolongado, os fracassos, tensão emocional mantida, situações amargas e sem saída aparente, transtornos subjacentes da personalidade, e nas crianças as carências de afeto num ambiente frio, distante ou claramente hostil. Nas mulheres, um fator desencadeante muito frequente é a menopausa.

A melancolia involutiva

Chama-se assim a depressão que aparece nas pessoas da terceira idade que não tiveram em sua história uma depressão e então surge nessa etapa da vida. Se a pessoa duvida de si, trata-se de uma enfermidade distinta ou de uma depressão maior de aparecimento tardio.

Os defensores do critério de "enfermidade distinta" se baseiam no fato de que seja habitual que, em lugar da personalidade prévia ciclotímica, tenha havido uma personalidade obsessivo-compulsiva; sem um episódio depressivo anterior. O típico aparecimento de uma depressão maior na idade tardia coincide com os sintomas involutivos (perda de memória, rigidez do caráter, irritabilidade do ancião, labilidade emotiva, fases de insegurança e de perda etc.). Nesse quadro clínico, sempre muito intenso e doloroso, domina a agitação ansiosa. O volume de angústia é altíssimo, colore o quadro e produz inquietude e desassossego. Os sentimentos de culpa e indignidade são muito intensos, baseados em incidentes triviais ou culpas leves do passado, que agora o deprimido converte numa montanha de indignidade e dano. As ideias delirantes afetam o esquema corporal do modo negativo típico da enfermidade, creem ter tumores, falta de vísceras, estar "podres por dentro" etc., combinando-se de modo paradoxal o medo com a enfermidade, e a morte com a ânsia de morrer.

O tratamento da melancolia involutiva é o da depressão maior e, apesar da idade avançada dos pacientes, é uma das indicações mais claras da TEC (Terapia Eletroconvulsiva) pela intensidade do sofrimento e pela lenta e insuficiente resposta aos timolépticos.

10. Primeiros medicamentos antidepressivos

Hipóteses sobre a etiologia (causa) da depressão e da mania

A história dos medicamentos da depressão vai intimamente unida às investigações que tratam de averiguar a causa desse grupo de enfermidades, os mecanismos bioquímicos que a produzem.

Recordemos qual era a situação nos anos quarenta do século XX. Desde o princípio do século a psiquiatria estava dividida em duas escolas que pareciam irreconciliáveis: os psicanalistas e os organicistas. As hostes de Kraepelin e de Freud esgrimiam sua mútua hostilidade com afirmações que não podiam demonstrar. "As enfermidades mentais, entre elas a depressão, são produto de uma má adaptação a traumas psíquicos da primeira infância, reprimidos e esquecidos", diziam os psicanalistas. "Que desatino! – contestavam os organicistas – as enfermidades mentais são *enfermidades* e, portanto, têm como causa uma alteração orgânica do sistema nervoso, embora por suas características não tenhamos sido ainda capazes de detectá-la". Nenhum dos dois grupos podia demonstrar que sua postura era a acertada.

Com os resultados terapêuticos espetaculares do Eletrochoque, os organicistas tinham um novo argumento de muito peso. Sem nenhuma modificação dos estímulos psicológicos sobre o paciente, bastava um elemento físico – a passagem da corrente elétrica pelo cérebro – para fazer desaparecer os sintomas da enfermidade. Ao interromper o tratamento numa só sessão, o paciente recai ao cabo de poucos dias. Aplica-se de novo o Eletrochoque e os sintomas são outra vez eliminados como por benzedura. A etiologia orgânica da depressão parecia "quase" demonstrada. Só faltava averiguar que alterações neurofisiológicas produz o Eletrochoque no cérebro humano, para, assim, conhecer a causa da depressão. Infelizmente, os métodos de investigação não estavam suficientemente desenvolvidos e ainda hoje só o estão em parte.

Novamente temos de simplificar para expor o ponto de vista dos organicistas. Acreditaram em sua convicção de que a causa da depressão era um transtorno metabólico cerebral para o qual havia predisposição em certas famílias. Que transtorno? Basicamente o mesmo que aparece em cada ser humano depois de um grande desgosto. Espírito e corpo estão estreitamente unidos. Diante da perda de um ser amado, não só aparecem transtornos espirituais; o corpo responde com mudanças endócrinas e metabólicas. Observa-se perda de peso, prisão de ventre, astenia etc. Sem dúvida ocorre a liberação de substâncias que atuam sobre o sistema nervoso. Esse mecanismo pode se inverter. Se no sistema nervoso, por alguma causa, aparecem essas substâncias químicas, provocarão os sentimentos a elas associados: tristeza, desolação, angústia etc.

Os organicistas chegaram à conclusão de que esse era o mecanismo das depressões. Algumas pessoas têm uma labilidade desse sistema bioquímico e, sem causa externa, se liberam no cérebro as ditas substâncias no momento desconhecidas, e elas são as que provocam automaticamente o estado depressivo. O Eletrochoque ou anula esses elementos ou induz o aparecimento de outros que se opõem a eles.

Muitos investigadores se lançaram à identificação dos elementos produzidos pelo Eletrochoque no cérebro, para poder fabricá-los e proporcioná-los aos enfermos sem necessidade de aplicar-lhes a dita terapia, que desde o princípio se recebeu como um tratamento provisório e que convinha substituir. Entre esses investigadores estava Cerletti, o inventor da técnica da eletroconvulsoterapia. Tive a honra de trabalhar com ele em Roma, na etapa em que não tendo conseguido identificar essas substâncias, sem as conhecer chamou-as de *acroagoninas*, e trabalhava com afinco para alcançar sua produção, apesar de dispor de um laboratório rudimentar. Aplicava uma série muito numerosa de Eletrochoques em um coelho, com o que supunha que esses elementos curadores teriam que ser produzidos em grande quantidade. Sacrificado nesse momento o animal, um extrato do cérebro do coelho se injetava por via intramuscular, esperando que fosse portador das "substâncias curativas", as *acroagoninas*. Os resultados eram ainda incertos quando, também de modo empírico, se descobriram os primeiros tratamentos farmacológicos da depressão.

O fracasso da Reserpina

O início parece um tanto novelesco. Os curandeiros da Índia vinham usando desde tempos imemoriais uma planta, a *Rauwolfioa Serpentina*, com fama de muito efetiva em diversas doenças, especialmente a hipertensão arterial. Os médicos, interessados em comprovar resultados em seus enfermos tratados por curandeiros com *Rauwolfioa*, conseguiram obter o alcaloide da planta, a Reserpina. Já bem dosificada puderam analisar seus resultados. A Reserpina proporcionava claros benefícios como hipotensora e tinha também uma qualidade sedativa comprovada. Buscando-se tranquilizar a agitação ansiosa de certos deprimidos, começou então a ser utilizada nas depressões. Em alguns casos se observou um aparente benefício (é muito difícil avaliar rapidamente os resultados, em uma enfermidade com variações espontâneas muito claras como ocorre na depressão); em todos os demais enfermos se agravaram ostensivamente os sintomas depressivos. Na realidade acentuavam-se as depressões.

Desse fracasso com a Reserpina se derivam as principais investigações bioquímicas das depressões. As ferramentas de investigação tinham avançado o suficiente para comprovar que a Reserpina diminuía a serotonina e a noradrenalina presentes no cérebro. Seria tal diminuição das aminas a "causa" da depressão?

A Isoniacida

Quase ao mesmo tempo, observaram os médicos dos sanatórios antituberculosos que um novo fármaco que começavam a usar, a Isoniacida, era acompanhado de reações de euforia. Os tuberculosos submetidos a esse tratamento mudavam de conduta, se tornavam ativos e otimistas e começavam a descuidar de suas medidas de repouso etc., portanto o efeito sobre o psiquismo dos tuberculosos mostrava inconvenientes, mas esse mesmo resultado psíquico seria uma bênção para os deprimidos. A pergunta lógica era: a Isoniacida terá efeito benéfico sobre o ânimo do deprimido ou se repetirá o fracasso da Reserpina? Havia, então, tantos tuberculosos (esquecemos a praga da humanidade que era a tuberculose até a descoberta da estreptomicina), que foi fácil encontrar muitos que também padecessem de uma intensa depressão. Nessa ocasião os pesquisadores obtiveram um ressoante triunfo: tornou-se muito eficaz nos tuberculosos com depressão e logo comprovaram idêntico efeito em deprimidos que não padeciam de tuberculose.

Nessa década tinham avançado vertiginosamente tanto a medicina quanto a investigação neurofisiológica, e era aceitável conformar-se com os resultados clínicos. Era preciso averiguar o que ocorria na bioquímica do cérebro, de modo particular aquelas substâncias (as aminas cerebrais) cuja diminuição nos neurônios era associada às depressões pela administração de Reserpina. Pôde-se comprovar que com a administração de Isoniacida seu nível no cérebro aumenta.

As catecolaminas

Os pesquisadores se encontravam com um medicamento que diminui as aminas cerebrais (Reserpina) e que ao mesmo tempo provoca depressão. Outro fármaco, a Isoniacida, tem os dois efeitos contrários: aumento das aminas e melhora ou cura das depressões. Dedução lógica: as depressões são produzidas por uma baixa da taxa de aminas cerebrais (em especial do grupo das catecolaminas). Tarefa a realizar: buscar medicamentos que aumentem as aminas cerebrais.

Um objetivo essencial era averiguar porque a Isoniacida aumenta as aminas cerebrais. Chegou-se à conclusão de que não as aumenta diretamente, mas que inibe uma substância que as oxida e portanto inutiliza, que se chama monoaminoxidase.[2] A Isoniacida atuava beneficamente sobre a depressão porque é um "inibidor da monoaminoxidase" e em consequência tinham que ser buscados outros medicamentos inibidores da monoaminoxidase (que são conhecidos como inibidores da MAO).

O leitor pode estar se perguntando: "Se já tinham um medicamento eficaz, por que buscavam outros com a mesma ação em vez de investigar outro grupo químico?".

A primeira parte da pergunta é muito importante. A Isoniacida, como todos os medicamentos antidepressivos descobertos até hoje, tem *efeitos secundários indesejáveis*. Era preciso buscar outros medicamentos em duas direções: mais eficazes para a cura e com menos inconvenientes.

A indústria farmacológica e a depressão

A segunda parte da pergunta já havia ocorrido às grandes indústrias farmacológicas. Além de seu efeito

---
2 "Enzimas que catalisam a oxidação de monoaminas e a degradação de neurotransmissores – aminas" (NT).

humanitário, o descobrimento de um novo psicofármaco pode ser um negócio colossal. Alguns laboratórios de terceira ordem se converteram da noite para o dia em potências econômicas de primeira classe mundial pelo lançamento de um psicofármaco eficaz. Além das universidades e centros científicos, tradicionais núcleos de pesquisa, as indústrias químicas e farmacológicas reforçaram suas próprias equipes de pesquisa, que desde então estão entre as mais bem-dotadas do mundo. Essa "guerra dos laboratórios" para chegar primeiro, tem uma parte positiva: descobriram a maioria dos medicamentos atuais. Também uma parte negativa: por estar em jogo interesses econômicos tão importantes, nem sempre procedem com lisura no lançamento comercial de suas descobertas. Numa grande indústria a equipe de pesquisa não tem nada a ver com a de promoção, vendas e propaganda. Essas últimas não compartilham às vezes o rigor científico e os escrúpulos dos pesquisadores, e não querem informar objetivamente sobre seu novo produto, tentam colocá-lo no mercado como se fosse uma lavadora ou um detergente (são os mesmos profissionais de promoção comercial e idêntico seu espírito). Nós, médicos, que já exercíamos naquela época (década de 1950) notamos alarmados como em vez de receber "informação" de alguns laboratórios, começávamos a receber "propaganda" dos novos medicamentos. Em certas ocasiões mentiam descaradamente; anunciavam cada novo antidepressivo como "muito mais eficaz e com menos efeitos secundários" que todos os disponíveis até agora, e logo, quase sempre, (parece mentira, mas em muitas dezenas de casos) comprovamos que são totalmente falsas as duas afirmações. Já não confiamos nos elogios de certos laboratórios até que sejam confirmados por um centro de pesquisa independente e de primeira classe. É a explicação do pouco entusiasmados que são os médicos com experiência na "última descoberta".

Como consequência benéfica da guerra pelo mercado farmacológico, descobriram-se novos inibidores da MAO, menos tóxicos e também medicamentos eficazes na depressão que atuavam por um mecanismo distinto, sem afetar a monoaminoxidase. Esses novos medicamentos, de outro grupo químico (imipramina e outros tricíclicos), atuam também sobre as aminas indiretamente, mas por outro mecanismo: bloqueiam o retorno às vesículas de acumulação e aumentam, como consequência, a quantidade de neurotransmissor disponível nos receptores pós-sinápticos.

De modo inevitável, muitos leitores já se terão perdido e lhes aconselho que prescindam do resto deste capítulo. Na realidade o problema é muito mais complexo, e isso explica porque se levam trinta anos de relativa freada na pesquisa.

Estado do pensamento neurofisiológico

O estado atual do pensamento neurofisiológico chegou a uma síntese da hipótese das indolaminas com a das catecolaminas. Na depressão se aprecia uma queda das indolaminas, mas essa diminuição não atua de forma isolada, há também mudanças da transmissão sináptica e catecolaminérgica. A queda vai acompanhada de depressão, o aumento provoca euforia. As alterações químicas no cérebro e as da neurotransmissão não são as únicas observadas; também estão presentes certas modificações metabólicas, como por exemplo uma taxa de dezessete corticosteroides com subida ou descida sincrônicas com as fases de hipertimia e depressão.

Não é próprio de um livro dessa condição acumular mais dados sobre a pesquisa, mesmo não terminada, dos mecanismos neurofisiológicos da depressão, que só iniciamos para satisfazer a curiosidade de algum leitor e dar a esperança de um próximo fruto desses trabalhos.

De todo modo, esse acúmulo de pesquisas e da experiência clínica de tantos anos, fica como legado para a humanidade, um arsenal terapêutico, que citaremos no capítulo seguinte.

11. Tratamento atual da depressão e da mania

A maioria dos transtornos da afetividade responde bem aos tratamentos atuais. Em geral se recorre ao médico quando os sintomas são já muito evidentes e penosos, ou porque a experiência de outros episódios anteriores alarma o enfermo e sua família ao perceber os primeiros sintomas.

O médico tem duas obrigações: uma é o rápido alívio desses sintomas, outra, muito importante, impedir que o paciente cause um grave dano a si mesmo, conduzido pela enfermidade. Vimos que essa possibilidade alarmante se centra nas ideias de suicídio na depressão ou na conduta irresponsável e arruinada da mania. Por esses riscos, uma das primeiras decisões que se apresenta é a possível necessidade de hospitalização.

É necessária a hospitalização?

Felizmente se torna imprescindível em poucos casos. Quase todos os tratamentos podem ser feitos ambulatoriamente. Para os parentes mais próximos é muito duro propor ao paciente a conveniência do hospital. Com grande surpresa de seus parentes, muitos deprimidos ao serem aconselhados em consulta para que passem uma breve fase do tratamento no sanatório, acolhem essa proposta com alívio: "Desejo mesmo descansar, não me ocupar com nada, prefiro me internar e que me deem tudo pronto". Outros, ao contrário, têm uma reação de pânico: "Se me internarem ali ficarei louco".

O que o enfermo ou sua família temem do hospital? O enfermo tem medo de "ficar encarcerado em um manicômio". É preciso explicar-lhe o quanto antes que vai ser alojado, não trancado. Num manicômio? A palavra é terrível, a realidade também. Os hospitais psiquiátricos públicos costumam ser sinistros em qualquer país. Os nossos não são precisamente dos melhores. A ninguém apetece entrar ali. Se o que se propõe é um sanatório psiquiátrico privado, o ambiente se torna muito menos desagradável, mas não alentador. Com frequência protesta a família: "Como vou deixar meu filho com loucos?"; "Deveria haver um sanatório só para depressões". A mistura de distintos enfermos nos sanatórios psiquiátricos privados, em geral pequenos e com poucos pacientes, é uma realidade, mas não desprovida de vantagens. Alguns dos "maníacos" são simpaticíssimos, outros pacientes, como os alcoólicos em recuperação se comportam com amabilidade e ajudam os outros. Entre os que arruínam o ambiente estão precisamente os deprimidos: um sanatório só para eles seria um pesadelo.

Não poderiam ser tratados os deprimidos e os maníacos em um sanatório não psiquiátrico?

Certamente sim. A única exceção são os maníacos muito excitados, porque alteram tanto o ambiente com suas vozes e risos que o sanatório os afastaria pelos incômodos que provocam para os enfermos de cuidados médicos ou cirúrgicos dos quartos vizinhos, que podem estar em estado grave.

Contudo, há sempre vantagem em utilizar um sanatório não psiquiátrico? É muito desagradável ter um enfermo mental no quarto ao lado de um outro com lamentos estereotipados e monótonos, mas no outro sanatório pode estar um enfermo de câncer agonizando. Os sanatórios são sempre tristes. Geralmente os sanatórios psiquiátricos são muito mais baratos do que os cirúrgicos, é um fator a ter em conta em hospitalizações prolongadas. Os psiquiatras concentram sua clientela no mesmo sanatório: se tivessem que se transladar a um sanatório cirúrgico ou de reumáticos para ver um só deprimido, pelo tempo de locomoção etc., teriam que cobrar honorários muito superiores, o que encareceria ainda mais o tratamento. E se levam mais enfermos para esse sanatório? Converte-se imediatamente num sanatório psiquiátrico, que será muito mais caro, porque tem que manter salas de cirurgia, unidades de cuidados intensivos, departamentos de radiologia etc., que não fazem falta para o paciente psiquiátrico. Vão prevalecer sempre os motivos econômicos? Não, mas são muito importantes. Ademais, nesses sanatórios aceitam um ou dois pacientes psiquiátricos, mas não mais, porque o enfermo psiquiátrico não permanece na cama e se aborrece no quarto, precisa de salas de reunião, de conversa com outras pessoas, de praticar esportes etc., o que o sanatório convencional não proporciona. Recorrer à hospitalização num sanatório não psiquiátrico é uma exceção indicada somente, como todas as exceções, em casos muito concretos.

O departamento de psiquiatria em um hospital geral

É a solução ótima para o paciente que utiliza os hospitais públicos, por exemplo, os da Seguridade Social. O enfermo não se sente "trancado num manicômio", esses hospitais estão nas grandes cidades em vez de regiões remotas e é mais fácil a visita das famílias. Desfrutam dos meios de diagnóstico e tratamento do hospital para qualquer complicação que os enfermos possam sofrer. O problema é que são departamentos pequenos e podem aceitar poucos enfermos. Por que não os ampliam? Porque se convertem automaticamente em "um manicômio" e além disso são caríssimos, como antes expliquei. Nenhum Estado quer aceitar esse custo, em nenhum país do mundo, provavelmente não o podem sustentar. A hospitalização sempre tem inconvenientes, de modo particular pelo ambiente do estabelecimento hospitalar. Assim pois, o médico só fará a indicação de internamento quando as vantagens superam em muito os inconvenientes.

Indicações de hospitalização absoluta
Vantagens da hospitalização

Há casos de indicação absoluta, outros em que é mais conveniente e outros em que se recorre ao sanatório por comodidade do paciente.

As *indicações absolutas* são os depressivos com alto perigo de suicídio e os maníacos que cometem ou estão em risco de cometer importantes desatinos. Aos deprimidos quase sempre se consegue convencê-los à hospitalização voluntária. Os maníacos não reconhecem seu estado anormal e é preciso levá-los à clínica com subterfúgios ou à força, além de retê-los no hospital contra sua vontade, uma vez cumpridos os trâmites legais correspondentes.

É uma situação especialmente amarga para os parentes: "Nunca vai confiar em mim, se vê que agora o engano e o interno". A família está assustada, mas também tem muitos receios contra o hospital. A primeira vez em que indicamos a hospitalização forçada costumam rejeitá-la ou não se atrevem a dar os passos necessários. Em certas ocasiões esse atraso é fatal, em outras, só concordam ao ocorrer um novo incidente grave ou alarmante, e pretendem que os médicos o resolvam por completo sem sua intervenção. Não pode ser, porque diante de um enfermo mental em atividade, o pátrio poder passa ao parente mais próximo e é esse que tem que assinar a petição de internação: "Se é indispensável, que o internem. Mas eu não assino nada".

"Eu não consigo convencê-lo e não o levo enganado ao sanatório, venham vocês convencê-lo ou façam isso sem mim". Mas esses não podem atuar sem a mínima colaboração dos parentes imediatos.

Problemas da família

A família sofre muito durante toda a enfermidade, mas o momento de separação é esse da "internação" forçada, com o paciente gritando-lhes censuras que repetem nas primeiras visitas: "Por que me enganou? Tira-me daqui, por favor! Tira-me daqui!". É duríssimo para os angustiados parentes, que começam a duvidar se fizeram bem ou cometeram um grave erro com as melhores intenções e saem do quarto com o coração apertado e com lágrimas nos olhos. Em muitas ocasiões tive que dedicar mais tempo e habilidade para tranquilizar a família do que para consegui-lo com o enfermo.

Nós, médicos, lidamos com esse nó de indecisão e amargura. Por isso *nunca indicamos uma hospitalização forçada,* se não for indispensável, se não for um risco temerário renunciar a ela. Quando o enfermo melhora, a primeira coisa que faz, sem exceção, é agradecer à família e ao médico por tê-lo hospitalizado. Reconhece a injustiça de suas reclamações anteriores e se desculpa.

Cedo ou tarde cada família de um deprimido ou maníaco pode se encontrar nessa encruzilhada. Convém que recorde as reflexões anteriores.

Indicações de hospitalização por conveniência

Noventa por centro dos enfermos deprimidos não estão hospitalizados por indicação absoluta, mas porque há vantagens para eles mais que no tratamento ambulatorial. É uma decisão a que se chega refletindo com o paciente, que aceita o sanatório, frequentemente com os protestos de sua família que não o desejam (por preconceitos, por caminho mal enfocado ou por egoísmo a fim evitar gastos). Nesses casos o enfermo consente, afinal: "Prefiro afastar-me de meus problemas"; "Que me deem tudo feito, não tenho forças para me ocupar com nada"; "É melhor estar aqui para que minha família não me veja sofrer"; "Aqui ficarei curado mais depressa e quero acabar de uma vez"; "Em casa não fica ninguém, todos vão para o trabalho e me dá medo ficar sozinho"; "Sei que em casa não vou fazer o tratamento" etc.

Outros pacientes vêm de um lugar afastado, um povoado ou um casario. Para eles é muito difícil consultar sobre as dúvidas durante a fase inicial do tratamento, com os sintomas secundários que não saberão se indicam uma interrupção etc., ou são personalidades muito primitivas que nós, médicos, tememos que confundam todas as indicações que lhes fazemos. São muitas as razões que levam a aconselhar uma hospitalização. A mais frequente é atender a primeira fase do tratamento. Para atuar com rapidez se utilizam doses elevadas de medicação. Os timolépticos (antidepressivos) atuais provocam efeitos secundários, em algumas pessoas esses efeitos são tão intensos que é preciso mudar de medicação. Há pessoas apreensivas ou queixosas que ao menor incômodo deixam a medicação sem necessidade; outros são tão sofridos que caem no erro contrário: suportam estoicamente, sem comentá-los com ninguém, incômodos pelos quais deveriam interromper o tratamento.

O sanatório, com médico de plantão, enfermeira em serviço permanente, frequentes visitas do especialista que dirige o tratamento, mudança de ambiente, controle de visitas no qual os médicos afastam do enfermo esses parentes que, com a melhor das intenções, confundem o deprimido. Em compensação deixam passar os demais sem converter isso em tema "pessoal" (em todo caso o parente prejudicial se enfada com os médicos em vez de carregar a suscetibilidade contra o enfermo, que tem problemas o suficiente) etc., proporciona notáveis vantagens sobre o tratamento ambulatorial. Em cada caso é preciso sopesar os benefícios e inconvenientes de cada fórmula.

Sem dúvida a maior vantagem é o controle terapêutico imediato, detectar no andamento a conveniência de modificar a medicação, em vez de "tome isso durante três semanas".

O outro incentivo da hospitalização é que permite um contato estreito com o médico, e este pode estabelecer essa relação profunda de transferência, fazendo com que o paciente se sinta entendido e apoiado. Sabe que há alguém que pode ajudá-lo e, nas recaídas em que voltam a rondá-lo as ideias sombrias, em vez de se entregar ao desespero, recorre ao médico... e o tem ao seu alcance. Quanto ao resto, pelas técnicas atuais de tratamento (muitas por mera administração via oral), pode-se fazer o tratamento ao paciente em domicílio. Recorrem ao seguinte argumento quando querem abandonar o hospital: "Para tomar uns comprimidos, logo você me dirá que falta faz eu estar aqui". O médico não deve esquecer que isso, superada a primeira etapa, pode chegar a ser certo. Nunca se deve prolongar desnecessariamente uma hospitalização.

Alguns deprimidos sofreram tanto com a depressão que, ao obter a cura do episódio no sanatório, adquirem um temor quase supersticioso em abandoná-lo: "Já estou muito bem, mas tenho pânico de voltar para casa e quando enfrentar de novo meus problemas eu recaia. Por favor, me deixe ficar mais alguns dias". A "arte médica" (um aspecto muito importante da "ciência médica") consiste em não se equivocar quando convém consentir em prolongar a permanência, e quando há de dar um empurrãozinho ao enfermo e mandá-lo para casa. Em certas ocasiões nos custa mais trabalho tirar o paciente curado da clínica do que nos custou convencê-lo para sua entrada.

Outras indicações de entrada são meramente de tipo social: "Tenho sessenta e oito anos, vivo sozinha, minha filha não vem me visitar há um mês. Agora, ainda que eu tenha melhorado da depressão, não posso com as tarefas de casa. Me deixem mais alguns dias no sanatório?".

Regime aberto ou fechado?

As hospitalizações, tanto de maníacos como de depressivos, são breves, em dias ou em semanas, e o enfermo fica em "regime de hotel" alojado na clínica, mas com liberdade para sair, a princípio acompanhado por algum membro confiável de suas relações e depois sozinho. Fica alojado, não trancado. A única exceção são os dias de grande risco de suicídio do deprimido e os dias perigosos do maníaco.

Os momentos de maior risco suicida são os de máxima intensidade dos sintomas de ansiedade, tristeza, agitação, desesperação etc., e também, especialmente nas depressões apáticas com bloqueio da atividade no momento em que começa a melhorar, pois costuma se libertar antes da apatia e do bloqueio, enquanto persistem as tendências suicidas, que agora, já vencida a apatia, é capaz de realizar.

Os maníacos, agitados por sua violência e conduta perturbadora, não podem conviver com os outros pacientes do hospital, aos quais incomoda com perseguição, otimista, porém avassaladora do maníaco, que durante esses dias permanece em seu quarto com intensa medicação sedativa. Enquanto melhora começa a sair do hospital acompanhado (para que não faça compras e outros gastos desnecessários, aos quais ainda está propenso).

Quando podem sair acompanhados, por que não vão embora da clínica? Começam a sair em seguida, a poucos dias da entrada e, nessa fase de tratamento intenso e de adaptação aos sintomas secundários, convém que tenham o apoio do sanatório.

As medicações antidepressivas

Todos nós que exercemos a psiquiatria na década de 1950 recordamos com saudade aquela idade de ouro.

Era um presente do destino ser médico "posto em dia". A cada seis meses aparecia um novo medicamento que ajudava nossos pacientes mais que os anteriores. Isso nos mantinha em um estado permanente de alerta e esperança. Depois secou o manancial durante um quarto de século. A ciência avança em saltos, ao menos aparentemente.

O tratamento de uma enfermidade pode ser focalizado de dois modos. O melhor é o tratamento etiológico, o que suprime a "causa" da enfermidade, por exemplo, os antibióticos nas infecções. Ainda melhor o tratamento causal preventivo, como o realizam as vacinas. Para as depressões, carecemos de vacinas. Sabemos bem de algumas engrenagens neurofisiológicas e bioquímicas alteradas nas depressões, mas não da causa original de tais alterações. Encontramo-nos numa situação intermédia a respeito do tratamento etiológico.

Até os anos 1950 todas as medicações sintomáticas existentes eram insuficientes e perigosas. Para a insônia e a excitação, o hidrato de cloral e os barbitúricos. Tentava-se melhorar a angústia com esses mesmos hipnóticos. O paciente se aliviava pouco e ademais permanecia o dia inteiro adormecido. A apatia e inclusive a tristeza pareciam encontrar remédio nas anfetaminas. Muito rapidamente se comprovaram sua ineficácia terapêutica nas depressões e os perigos de sua administração.

Quase simultaneamente apareceram os três grandes grupos de novos psicofármacos: *os tranquilizantes menores, tranquilizantes maiores e os timolépticos ou antidepressivos.*

Os tranquilizantes menores

Também chamados simplesmente *tranquilizantes* ou *ansiolíticos* por seu efeito sobre a ansiedade. O acréscimo de "menores" lhes é dado preferentemente na literatura médica anglo-saxônica, para diferenciá-los dos *tranquilizantes maiores*, como são denominados os neurolépticos.

São medicamentos que têm uma ação tranquilizante superior à hipnótica. Quem os toma se beneficia de um efeito sedativo, sem ficar adormecido durante o dia, permitindo assim trabalhar etc.

Todos eles, em doses maiores, produzem sono. Para muitas pessoas que têm insônia por intranquilidade basta o efeito sedativo para recuperar o sono normal. Toleram-se muito bem e não provocam dependência, salvo em casos excepcionais ou uso imoderado.

Essa fama de inofensivos faz com que muitas pessoas os recomendem a outras e, inclusive, deem de presente o frasco de comprimidos, o qual não precisam mais. "Pra mim fez muito bem e meu médico diz que não tem perigo". Os médicos gerais os utilizam com uma vasta lista de indicações: relaxamento muscular, espasmos, transtornos intestinais etc. Por todos esses motivos sua difusão é enorme: calcula-se que mais da metade da população os utiliza. Ao recordar alguns dos nomes comerciais mais difundidos: Valium, Librium, Tranxilium, Diazepan, Meprobamato, Lexatin, Huberplex, Rohipnol, Dormodor, Orfidal, Mogadon, Halcion etc., quase todos os leitores encontrarão um na gaveta de sua mesinha de cabeceira. Não são tão inofensivos como se diz. Advertiremos mais adiante sobre seus riscos.

No tratamento da depressão servem como única medicação para casos muito leves em que domina a ansiedade. É frequente que o médico receite tranquilizantes junto com antidepressivos por duas razões: se complementam muito bem, pois muitos antidepressivos não têm ação ansiolítica e imediata, ao passo que os antidepressivos demoram vários dias para fazer efeito. Na primeira fase do tratamento aumenta-se a dose de ansiolíticos para que o enfermo possa esperar tranquilizado e com menos sofrimento a ação dos timolépticos.

Todos em doses altas levam ao sono, mas há alguns grupos químicos com mais efeito hipnótico que outros. Há insones que custam a adormecer e outros que dormem logo, mas despertam de madrugada. Como hipnótico deve-se usar nos primeiros um dos chamados de "ação rápida", para ajudá-los na primeira fase da noite e que ao despertar não tenham ressaca. Contudo, aos que dormem logo, mas despertam em poucas horas convêm mais os de ação lenta, para prolongar o sono.

Não esquecer que *cada pessoa tem um modo diferente de reagir aos medicamentos*, todos conhecemos alguém a quem o café dá sono; também há pessoas que se excitam com os tranquilizantes ou que adormecem profundamente com doses mínimas dos que normalmente não dão sono.

Como *hipnóticos de ação rápida* se empregam preferencialmente o Oxacepam (nomes comerciais: Adumbran, Aplakil, Psicowas, Sobile), Triazolam (nome comercial: Halcion). *Os tranquilizantes com efeito hipnótico de ação prolongada* mais utilizados são Flunitracepam (Rohipnol) e Fluracepam (Dormodor), com duração intermédia há o Nitracepam (nomes comerciais: Mogadon, Hipsal, Nitracepam, Pelson).

Ao buscar o *efeito ansiolítico com menos poder hipnótico* tende-se a utilizar o Oxacepam em doses menores pois, como hipnótico, com poucas doses o organismo se acostuma e se tolera bem durante o dia. O Bromacepam (nome comercial: Lexatin), Clobazam (nomes comerciais: Noiafren, Clarmyl, Clopax), Cloracepato Dipotássico (nome comercial: Tranxilium, Nansium), Clordiacepoxido (nomes comerciais: Librium, Huberplex, Binomil, Omnalio, Normide), Diacepam (nomes comerciais: Valiumm, Diaceplex,Diacepan, Drenian), Loracepam (Orfidal, Idalprem, Donix, Loracepam, Sedicepam), Medacepam (Megasedan, Nobrium).

Além da suscetibilidade individual aos fármacos, é preciso contar com o efeito placebo (sugestivo), pelo que um angustiado pode encontrar muito mais efeito num produto com nome comercial diferente e, se tem a curiosidade de ler na bula a composição química, se dá conta de que era idêntico ao que não fez efeito. A insônia é também muito influenciável pela sugestão. Muitas pessoas tomam o hipnótico por rotina ao deitar, em doses tão pequenas que é muito pouco provável que lhes cause efeito; adormecem "porque tomam o comprimido": daria o mesmo efeito se fosse um miolo de pão.

Inconvenientes e precauções

Advertimos antes que não são totalmente inofensivos. É um *desatino* e um contrassenso tomá-los, como fazem muitas pessoas, depois de ingerir de modo habitual doses elevadas de café ou de outro estimulante; nessa situação tende-se à superdose. Como ocorre com todos os medicamentos, é preciso *tomar as doses mínimas* e não manter doses elevadas por rotina.

Existe, em certos casos, o *perigo de habituação* e o de criar uma dependência. Há pessoas com uma disposição, chamada toxicofilia, a fazer-se habituadas com dificuldade para cortar o hábito de quase qualquer coisa (café, chá e inclusive alimentos com açúcar, chocolate etc.) caso se descuidem. Esses são os que correm risco com os tranquilizantes.

É muito importante o *perigo* da *potenciação pelo álcool*. Somam seus efeitos um par de taças e uma leve dose de ansiolíticos, ambas inofensivas separadamente, podem provocar torpor, lentidão dos reflexos etc., que são *muito perigosos na condução de veículos* e no manejo de máquinas que pode mutilar.

Nem o médico nem o paciente por sua conta devem recorrer a esses medicamentos por queixas insignificantes. É preciso reservá-los para quando são necessários, pese a seus escassos riscos.

Se, ao aparecerem uns sintomas, antes de fazer o diagnóstico, o paciente começa a tomar esses medicamentos por sua conta ou um médico pouco responsável os prescreve por complacência, os sintomas podem ficar ocultos, o enfermo pode se sentir melhor e a enfermidade evolucionar, piorando sem chamar atenção. É preciso ter claro o diagnóstico e o motivo de sua administração antes de receitá-los. *Nunca* é recomendável tomar uma medicação "porque se sentiu muito bem um amigo que tem a mesma coisa que eu".

Nas depressões psicógenas, provocadas por traumas psíquicos, o tratamento de escolha é a psicoterapia. Os tranquilizantes podem ser receitados provisoriamente para aliviar de um modo rápido, mas se o paciente ao melhorar interrompe a psicoterapia e continua só com tranquilizantes perde a oportunidade de se curar: ocultará os sintomas momentaneamente, mas eles reaparecerão.

Contraindicações

Nas insuficiências hepáticas e em muitos anciãos, a destruição do medicamento no organismo é tão lenta que pode produzir efeito acumulativo com as doses que vão sendo tomadas depois e provocar uma intoxicação. Também são perigosos na pneumopatia obstrutiva e nas síndromes com hipoalbuminemia.

Timolépticos ou antidepressivos

São os autênticos "antidepressivos", fármacos com ação específica nas depressões. De comprovada relação causa-efeito, melhoram ou fazem desaparecer as depressões, caso deixem de tomar antes de terminado o episódio, voltam a aparecer os sintomas depressivos, que desaparecem novamente ao retomar o tratamento.

Logicamente este livro tem leitores que estiveram envolvidos no problema das depressões. Basta-lhes ler a lista dos antidepressivos, em sua denominação comercial: Anelum, Tryptizol, Demolox, Anafranil, Tofranil, Martimil, Paxtibi, Surmontil, Ludiomil, Lantanon, o suprimido Alival, Vivarint, Deprax, Tombran etc., para recordar a utilização que fizeram de algum deles.

Não são tratamentos "sintomáticos", dos que tapam um sintoma isolado sem influir na enfermidade, como a aspirina para a dor de cabeça. Os antidepressivos interferem na engrenagem neuroquímica das depressões. Não é fácil que tenham efeito sugestivo porque sua eficácia não é imediata como nos tranquilizantes; os antidepressivos tardam de cinco a vinte dias para atuar sobre a sintomatologia. *Durante esses dias o paciente se encontra "pior que antes".* Esse é um aspecto de máxima importância. Vi multidão de enfermos que acorreram à minha consulta, para mudar de médico: "Porque se continuo com o de antes, ele me mata. Receitou uns comprimidos que me deixaram muito pior".

O motivo da piora é que sem ter percebido ainda os efeitos benéficos da medicação, notam pegados aos sintomas da enfermidade os dos efeitos secundários, que podem ser muito importantes. Aconteceria a mesma coisa com qualquer outro médico competente, porque o tratamento era o adequado, mas provavelmente o médico não lhe explicou bem os possíveis sintomas secundários: bastou expô-los com detalhe e tranquilizá-lo para que seguisse sem problemas com o tratamento até sua cura. Voltaremos mais adiante ao tema dos efeitos secundários.

Fala-se de timolépticos "de primeira geração" e "segunda geração" para se referir, no último caso, aos de aparecimento mais recente. A alguns médicos parece que os assusta empregar medicamentos de trinta e cinco anos e tendem a receitar as modificações surgidas posteriormente. São melhores os mais recentes? Pelo que sabemos os efeitos são muito parecidos, o que marca a diferença é empregá-los habilmente, no momento, nas doses adequadas. Os tratados de psiquiatria recomendam ao médico que se especialize a fundo no emprego de alguns desses fármacos, em vez de intercambiá-los constantemente. Também há enfermos empenhados numa troca frequente de medicação.

Os grupos químicos dos antidepressivos seguem basicamente sendo os mesmos dos anos cinquenta: os inibidores da monoaminoxidase, os tricíclicos (e os tetracíclicos de aparecimento posterior). Há diferenças tanto em sua ação quanto nos efeitos secundários indesejáveis.

Inibidores da monoaminoxidase

Inibidores da monoaminoxidase ou "inibidores da MAO" são muito efetivos e o paciente nota poucos incômodos "se tudo vai bem", pelo que uma vez provados, em comparação com os outros, é preferível. Porém, nem sempre vai tudo bem e os *riscos são mais graves que nos tricíclicos*.

Os inibidores da MAO em uso são: Fenelcina (nome comercial: Nardelzine), Iproniacida (nome comercial: Iproniazida), Metfendracina (nome comercial: M.H.-II), Nialamida (nome comercial Niamid).

O emprego dos inibidores da MAO ficou restrito aos pacientes que os tomaram anteriormente em outro episódio depressivo e lhes fizeram muito bem, inclusive com excelente tolerância. Com esses precedentes é provável que ocorra o mesmo agora. Também se usam para os enfermos que não respondem a outros tratamentos timolépticos.

O motivo de relegá-los à reserva terapêutica é seu alto risco de efeitos secundários. Embora sejam raros, se tornam graves. Em alguns pacientes predispostos (e é muito difícil adivinhar de antemão), provocam graves danos no fígado; dessas hepatopatias medicamentosas tem havido casos mortais.

Os inibidores da MAO, quando permanecem no organismo sem metabolizar, se combinam de modo perigoso com outras substâncias e alimentos. É preciso *controlar o regime alimentar do deprimido tratado com inibidores da* MAO.

Substâncias químicas (aminas simpaticomiméticas) que existem em certos queijos fermentados, cerveja, alguns vinhos, fígado, favas etc., misturadas com os inibidores da MAO podem provocar crises de hipertensão cérebro-vascular graves, agitação psicomotora, hipotensão ortostática etc.

Uma precaução essencial é não combinar nunca inibidores da MAO *e tricíclicos.* Como são os dois grupos de medicamentos mais eficazes, quando um fracassa é preciso experimentar o outro. É *preciso passar quatorze dias*, desde o fim do primeiro tratamento, antes de iniciar o segundo. Ambos os grupos de substâncias em manuseio controlado costumam ser inócuos, *sua mistura é tóxica* (febre elevada, convulsões etc.). No intervalo ajuda-se o paciente com tranquilizantes menores, que podem se combinar com qualquer um dos dois grupos de fármacos timolépticos.

Os fármacos tricíclicos e tetracíclicos

Serão descritos conjuntamente, pois têm utilização similar. São os mais usados no tratamento das depressões. Entre os tricíclicos a Amitriptilina (nomes comerciais: Tryptizol, Nobitrol, Mutabase, Deprelio, Ami-Anelun), Amoxapina (nome comercial: Demolox), Clomipramina (nome comercial: Anafranil), Doxepina (nome comercial: Sinequan), Imipramina (nome comercial: Tofranil), Nortriptilina (nome comercial: Martimil, Paxtibi), Trimipramina (nome comercial: Surmontil).

Entre os tetracíclicos: Maprotilina (nome comercial Ludiomil), Mianserina (nome comercial Lantanon). Existem fármacos antidepressivos de outra origem química, como o Nofimesina (nome comercial: Alival), já supresso, o Viloxacina (nome comercial: Vivarint) e o Trazodona (nome comercial: Deprax, Tombran).

Entre tantos medicamentos parecidos qual empregar? Essa opinião corresponde ao médico, não só em cada caso, mas em cada momento da evolução de um deprimido. *Busca-se o máximo de resultados com o mínimo de efeitos indesejáveis.* Não é fácil nenhuma das duas coisas.

Existe uma clara *suscetibilidade individual*, que pode variar ao longo da enfermidade, tanto para o benefício de um medicamento sobre outro, como para sofrer os efeitos indesejáveis.

Pode-se predizer o resultado?

Só que "costuma ocorrer", se um deprimido reage de modo distinto à forma mais frequente, de pouco lhe serve que as estatísticas digam que tinha de beneficiá-lo muito bem um determinado medicamento. Por isso o médico tem que estar sempre alerta e disposto a variar suas indicações. *O paciente não deve modificar o tratamento sem consulta*, porque os antidepressivos são de ação lenta, tardam até vinte dias a fazer efeito, se já leva uma semana e interrompe, se inicia de novo o ciclo retardando a melhora; ademais, tanto ele como seu médico ficam sem saber se o medicamento não o curava ou não lhe foi dado a tempo para que o curasse.

Outra coisa distinta é *interromper o tratamento se os efeitos secundários se tornam alarmantes* e consultar o médico o mais cedo possível. Diante da dúvida é razoável interromper.

Os testes ou exames de laboratório

Os pesquisadores trabalham ativamente para aperfeiçoar *os testes ou exames de laboratório que orientam* para *o tratamento* mais adequado a cada enfermo. Baseiam-se em exames de função endócrina que estuda a resposta do organismo à injeção ou administração de certas substâncias. Por exemplo, se a Dexametasona provoca uma resposta negativa, medida na taxa de cortisona, em vez de usar medicação, convém a psicoterapia para esse depressivo. Se a resposta é positiva continuam os exames bioquímicos até ser orientado para o remédio mais adequado. Há muitos outros exames em estudo, como o teste de Everett com Paragilina, os de Keller e Segall com TRH, o de Hine etc. Não se estendeu seu uso pelas dificuldades técnicas e pela escassez de laboratórios preparados para realizar os exames e porque ainda não está totalmente demonstrada a fiabilidade dos exames de laboratório.

Os efeitos secundários

Variam enormemente de uma pessoa para outra. Com a Amitriptilina alguns sentem ligeira sonolência só nos primeiros dias e outras pessoas não conseguem se levantar da cama. Além da diferença real de efeito há a *avaliação subjetiva*. Alguns pacientes não se queixam e o médico se alarma ao perceber a intensidade dos efeitos secundários que sofrem, e outros por incômodos insignificantes põem o grito no céu: chamam serviços de urgência de madrugada, afirmam que o médico quase os matou etc.

Muitos continuam considerando a Clomipramina (Anafranil) como o antidepressivo mais eficaz, mas em casos com ansiedade e insônia, pelo efeito sedativo e a sonolência que provocam, podem ser mais convenientes: Amitriptilina (Nobritol, Mutabase, Deprelio, Tryptizol, Ami-Anelun).

Em geral, Amitriptilina, Doxepina, Maprotilina e Mianserina têm mais efeito sedativo. Desse grupo a Mianserina é a que tem menos efeitos secundários anticolinérgicos (logo serão explicados) e a Nomifensina também se tolera com facilidade.

Por que não empregar sempre os medicamentos que têm menos efeitos desagradáveis? Porque alguns deprimidos obtêm mais benefícios fazendo uso de outros.

Muitos medicamentos têm o que se chama *efeito colinérgico* ou o contrário, *anticolinérgico*. Agora nos interessa esse último, que é o que provoca os antidepressivos, em especial os tricíclicos (que são os mais eficazes).

Os efeitos anticolinérgicos que percebe o paciente e dos que justificadamente se queixa, são: secura de boca e mucosas, prisão de ventre (que se acentua na depressão), dilatação temporal da pupila, o qual o paciente se lamenta de que vê embaralhado e não pode ler de vez em quando, além do incômodo da luz, tremor de mãos, que pode ser tão intenso que lhe dificulta escrever – "me deformou tanto a escrita que no banco não aceitam os cheques porque dizem que não é minha assinatura" –, crises de suor sem ter calor, "sobretudo na cama, de repente me encontro ensopado de suor", taquicardia sinusal, hipotensão ortostática que consiste em que, ao pôr-se repentinamente de pé, estando deitado ou sentado, baixa instantaneamente a tensão e o paciente sente enjoo, e inclusive pode cair no chão como nas lipotimias e retenção de urina que chega a ser alarmante nos homens com problemas prostáticos.

Como quase todas as substâncias químicas, os timolépticos em uso prolongado podem desencadear em indivíduos suscetíveis complicações graves que são muito raras, mas existem, e é preciso ter em conta como depressão medular com agranulocitose, icterícia obstrutiva, íleo paralítico, extrasístole ventricular, convulsões.

Os timolépticos, administrados na fase depressiva de pacientes de psicose maníaco-depressiva, podem desencadear o aparecimento de uma fase maníaca. Nesse caso é preciso suprimi-los de imediato e passar ao tratamento antimaníaco.

Há contraindicação em caso de *glaucoma* (pode-se fazer o tratamento, porém controlado pelo oftalmologista), de *hipertrofia de próstata* (deve vigiá-los o urologista e estar seguro de que se pode aplicar com urgência uma sonda), *epilepsia grave* (é preciso acrescentar anticonvulsivos) e *alcoolismo* e outras enfermidades que vão acompanhadas de *insuficiência hepática. Os cardiopatas* devem ser controlados por seu cardiologista, que os prepara para o tratamento.

Tratamento farmacológico da mania
Os tranquilizantes maiores ou neurolépticos

Na mania é preciso frear o quanto antes a atividade frenética e prejudicial do enfermo e ao mesmo tempo lograr a diminuição do episódio maníaco. Os dois objetivos se conseguem com os mesmos medicamentos. No continente europeu os chamamos de *neurolépticos*, os anglo-saxões costumam denominá-los *tranquilizantes maiores*. As características genéricas que os definem são:

> a) *Ação evidente sobre o psiquismo, mas sem efeito hipnótico intenso;*
> b) *Capacidade inibidora da excitação;*
> c) *Ação mitigadora dos sintomas da esquizofrenia e outras psicoses e também das chamadas psicoses experimentais. Atuam como verdadeiros antídotos dos psicodélicos.*

Na mania interessa a ação antipsicótica e a inibidora da excitação.

Os mais empregados são: Butirofenona (nome comercial: Haloperidol), Clorpromacina (nome comercial: Largactil, Clorpromacina), Tioridacina (nome comercial: Meleril, Visergil, Doloptal).

Numa crise maníaca intensa é preciso administrar doses altas de medicação, por esse motivo e pelos perigos da conduta do paciente, a primeira fase convém fazê-la em regime hospitalar.

No tratamento ambulatorial essas medicações devem ser dadas sob a supervisão direta do médico.

Medicação preventiva da mania
Os sais de lítio

O Carbonato de Lítio (nome comercial: Plenur) tem um lugar único entre os antimaníacos. Os neurolépticos fazem diminuir uma fase maníaca, mas não têm efeito preventivo da próxima, ao contrário o lítio é muito rápido e efetivo na diminuição de uma fase e, dado depois de modo permanente, levam-se muitos anos observando que a grande parte dos maníacos são libertados da repetição das fases. Há pacientes que tinham uma fase de excitação maníaca a cada ano ou a cada dois anos e desde que começaram a tomar lítio, há dez ou quinze anos, não recaíram. Quando deixam de tomá-lo voltam a ficar expostos aos vai e vens da enfermidade. *Nos pacientes com enfermidade bipolar* tem demonstrado ser também eficaz *como preventivo das fases de depressão*. Não se apreciou esse efeito nos pacientes que só têm fases depressivas.

O Carbonato de Lítio exige uma série de precauções, porque nunca deve ser administrado sem controle médico. As concentrações em sangue abaixo de um certo nível não servem para nada, e se passam de outro nível são perigosas. A absorção e eliminação são variáveis no mesmo paciente (dependendo do regime de comidas e outros fatores), por isso é imprescindível fazer periodicamente (no mínimo uma vez por mês) uma determinação de *litemia* (nível de lítio no sangue), para comprovar se há que aumentar ou diminuir a dose.

Em pacientes que levam tempo estabilizados, com poucas variações, pode-se distanciar as litemias.

O lítio é bem tolerado pelo organismo humano se não há rebaixamento do sódio. Portanto, é preciso cuidar para não diminuir a dose de sal comum nas comidas (de modo nenhum fazer simultaneamente algum desses regimes sem sal que agora estão na moda) e tomar precauções, caso se administrem diuréticos ou haja diarreia ou sudoração excessiva; em geral qualquer variante que possa fazer abaixar o sódio, pois nesse caso o lítio se torna tóxico e provoca vômitos, ataxia, convulsões, coreoatetose, confusão mental e pode levar ao coma.

Com essa relação amedrontadora de possíveis complicações, o leitor pensará que é um tratamento muito complicado e perigoso. Nos livros de autoajuda, como este, é necessário advertir de todos os inconvenientes e perigos, mesmo que sejam muito pouco prováveis, como ocorre na maioria dos descritos e em alguma das contraindicações e precauções que vêm seguidamente. O tratamento preventivo por lítio é simplíssimo: consiste em tomar de dois a quatro comprimidos por dia. A maioria dos medicados não traz nenhum incômodo, e caso o sinta pode ser eliminado com facilidade.

A contraindicação é absoluta nos três primeiros meses da gravidez, pois está demonstrado o aparecimento de malformações congênitas. Tampouco se pode tomar durante a *lactação* ou se se padece *hipotiroidismo*.

É preciso ter precauções especiais na insuficiência renal e em enfermos cardíacos ou do sistema nervoso central.

Os níveis de *litemia* recomendados como preventivos oscilam entre 0,70 e 1,50 miliequivalentes litro. Nunca se deve passar dos 2 miliequivalentes litro (que são as cifras que se dão nas análises de litemia).

Os *efeitos secundários* mais frequentes são a necessidade de beber muito (sede), tremor de mãos, diarreia e incômodos gástricos. Cedem à diminuição de dose ou com a medicação corretora.

A Terapia Eletroconvulsiva (TEC ou Eletrochoque)

É um tema muito discutido, porque a todos nós desagrada a ideia do TEC (Terapia Eletroconvulsiva, conhecida na linguagem coloquial como "Eletrochoque"). Faz muitos anos que se aperfeiçoou a técnica e não há convulsões durante a passagem da corrente elétrica pelo cérebro.

Vejamos o que diz o tratado de psiquiatria de maior prestígio mundial (o de Freedmann, Kaplan e Sadock) nos capítulos que nos interessam agora, dos tratamentos das grandes depressões e da mania sobre a Terapia Eletroconvulsiva:

> *[...] considera-se um tratamento específico para o ataque depressivo. Geralmente há uma melhora espetacular depois de um ou dois tratamentos, e para a maioria dos enfermos, que respondam favoravelmente, basta um turno de seis ou nove...* (vol. I, p. 1143);

"...como tratamento para o ataque maníaco se emprega com menos frequência e com menos êxito" (*ibid.*).

> *É algo geralmente aceito que a TEC seja muito eficaz no tratamento da melancolia involutiva e nas depressões endógenas, e que é relativamente ineficaz ou pode ter efeitos adversos nos estados de ansiedade* (ibid.).

"É o tratamento de escolha para a melancolia involutiva" (determinada forma de depressão na terceira idade) (*ibid.*, vol. I, p. 1162).

Os textos de maior prestígio e rigor científicos costumam dizer a mesma coisa que este: a Terapia Eletroconvulsiva continua sendo um tratamento útil. Em algumas formas de depressão o mais eficaz, e em outras o "tratamento de escolha".

Entretanto, muitíssimos pacientes chegam à consulta assessorados por médicos ou membros de outras profissões que se consideram peritos no assunto e que os advertiram: "Em nenhuma circunstância e sob nenhum pretexto use o Eletrochoque".

Alguns psiquiatras, em geral de orientação psicodinâmica, afirmam enfaticamente: "Jamais admiti nem tolerarei fazer um Eletrochoque". Os de opinião contrária asseguram que se deveria afirmar a mesma coisa a um cirurgião que jura que nunca fará uma amputação: "Pois no final das contas terá sobre seus ombros inúmeras mortes que poderiam ter sido evitadas". O Eletrochoque não se prescreve por sadismo nem por ignorante brutalidade do médico, como tampouco se faz no caso de uma amputação. É um recurso quando os outros fracassaram, sopesando com sumo cuidado as vantagens e os inconvenientes.

Entre os inconvenientes de mais relevo está a psicose coletiva de pânico ao TEC. Alguns médicos não o prescrevem pela coação da "má fama" que tem, não desejam "manchar-se" e frequentemente enviam o paciente a um colega que o utiliza. "Nessa clínica são uns bárbaros, aplicam muito o Eletrochoque...", esquecem de mencionar que são os médicos aos quais acabam chegando os enfermos que não puderam ser curados pelos que "jamais" o prescrevem. O mundo é assim, também dentro da medicina.

A Terapia Eletroconvulsiva foi vítima de uma verdadeira lenda negra. Em muitos filmes e novelas aparece como a cena forte. Aos autores convém dramatizar e a ser possível que o Eletrochoque seja administrado sem justificação terapêutica, como uma forma de castigo e tortura, se torna mais cinematográfico.

Ainda que se filme quando levamos decênios sem convulsões na "eletroconvulsão" (pois se aplica sob relaxamento e anestesia), na cena sempre aparece o paciente revolvendo-se convulso entre os muitos que o seguram. É a cena que temos gravada e que reaparece obsessivamente diante dessa alternativa terapêutica.

Ninguém pode estranhar o medo do paciente e de sua família, quando um novo médico recomenda esse tratamento. "Venho a você com toda confiança, mas ponho só uma condição: de modo algum Eletrochoque". Não chega a ser demasiado grave já que o Eletrochoque não é o único que honestamente cabe recomendar. Entretanto, já comentamos que em alguns casos é a "terapia de escolha", portanto a melhor que se deve recomendar.

O que deve fazer o médico nesse caso? Fazer outro tratamento para agradar ao paciente e evitar explicações prolongadas e um clima de hostilidade? Quando se recorre à TEC sempre se trata de enfermos graves, não parece muito honesto esse tipo de complacência. Dizer que: se não confia nele, que procure outro médico? O enfermo está assustado, confia nesse médico apesar de sua explicável resistência; sempre nessas situações se estará diante de um enfermo complicado e incômodo para o médico: não parece tampouco muito generoso rechaçá-lo nesse momento.

Uma advertência fundamental

O paciente e sua família devem escutar o médico e analisar seus argumentos, mas não têm a menor obrigação moral de segui-los se estão convencidos de que o médico se equivoca ou consideram inaceitáveis, por algum motivo importante, suas propostas (hospitalização, TEC etc.). O tema moral surge aqui, porque o enfermo está desmantelado e frequentemente é incapaz de decidir por si mesmo, e é sua família que carrega essa tremenda responsabilidade.

Na medicina não são raras as diferenças de opinião (intervenção cirúrgica ou tratamento conservador, entre outros). Talvez em nenhum terreno essas diferenças se tornem tão amargas para o paciente e sua família como dentro da psiquiatria, dividida em campos de opinião totalmente opostos.

Imaginemos que ao receber a indicação de TEC decidam consultar outro especialista e esse comenta: "Mas, que barbaridade atualmente recomendar um Eletrochoque! Esse é um tratamento medieval, vai deixá-lo defeituoso para sempre, o único tratamento adequado é a psicoterapia...". Atormentados pela incerteza consultam então um novo médico: "Quem tem razão é o primeiro, o outro é um ignorante charlatão que vai fazer vocês perderem tempo e dinheiro com umas sessões de psicoterapia totalmente inoperantes nesse tipo de depressão. Em um caso assim, em que já fracassaram as medicações antidepressivas, o indicado é o TEC".

O ciclo pode se repetir indefinidamente com novos médicos; além disso começam a intervir as amizades: "Ora, ao meu irmão..."; "a filha de um colega da oficina...", com a mesma disparidade de critérios e idêntico fascínio.

Presenciei muitas vezes a angústia da esposa ou do pai diante dessa incerteza, pressionados pela urgência e pelo medo perguntando-se desesperados: "A quem levo em consideração?", para ficar indiferente a esse drama. Por isso muitos psiquiatras adotam uma atitude eclética e trabalham em equipe, na qual uns membros têm especialização em tratamentos biológicos e outros em psicoterapia, pois só casos extremos se beneficiam exclusivamente com um dos dois enfoques: para o restante convém aproveitar os recursos dos dois tipos de tratamento.

A TEC tem poucas contraindicações físicas. Seu inconveniente mais importante é a amnésia residual, que pode ser intensa e duradoura, e é suficiente para aconselhar que essa técnica não se utilize mais que nos casos em que não se esperam resultados positivos com os restantes tratamentos.

Um horizonte de esperança

Existe uma pequena porcentagem de deprimidos que não respondem de modo satisfatório aos tratamentos atuais ou que, pese a eles, recaem com muita frequência. Compreendo seu desalento e por isso mesmo considero importante reexaminar os motivos de razoável esperança.

Em primeiro lugar está a própria evolução espontânea das depressões com sua tendência a desaparecer inesperadamente "em um bom dia". A experiência demonstra que essa tendência à recuperação não é privilégio das formas benignas de depressão. Também nas resistentes a todo tipo de tratamento, quando o paciente e sua família perderam a esperança, e sem que tampouco os médicos possam explicar o porquê, desaparecem os sintomas depressivos e se recuperam todas as possibilidades perdidas durante a enfermidade. Inclusive a que ao deprimido pareceu impossível: a de desfrutar a vida.

Os ciclos de repetição das depressões são imprevisíveis. Há pessoas que padecem uma só depressão em toda a vida. Essa reflexão não serve de alívio aos que sofrem uma depois da outra, mas convém que saibam que todos nós, médicos, temos visto uma multidão de casos em que depois de uma rajada infeliz, na qual depois de cada depressão estavam temendo quando viria a próxima, uma delas era a "última", passando a um período indefinido de normalidade do estado de ânimo. Quantas vezes acorrem à consulta, acompanhando um novo enfermo: "Doutor, animei meu primo a vir pelo bem que foi pra mim. Você se lembra do meu caso? Uma depressão depois da outra durante oito anos e agora se completam quatorze anos que estou completamente bem". Essa esperança afortunada existe *em todo deprimido*.

E se meu caso é dos contrários, dos que tendem a recair cada vez com mais frequência e por mais tempo? Isso ocorre apesar dos tratamentos atuais, já que você tem a desventura de ser dos poucos em que não são eficazes, mas é muito provável que seja diferente com os novos tratamentos que se vislumbram.

"Quando aparecerão esses novos tratamentos? Se vai ser dentro de dez anos pra mim já não dá...". Não há motivo para lhe iludir com falsas perspectivas, e é muito provável seu aparecimento imediato. Comentamos que a ciência parece avançar em saltos. Aparentemente há períodos de acumulação "surda" de conhecimentos, em que parece que não acontece nada, mas se estabelece a plataforma para um novo salto. Por isso os descobrimentos ocorrem em vários lugares ao mesmo tempo e um após outro, superando-se... até um novo período de pausa.

Os tratamentos farmacológicos das depressões levam a um adormecimento que dura trinta anos. São muitos anos: durante eles se trabalhou com afinco. Os centros de pesquisa não esqueceram o deprimido. Além dos motivos humanitários, há uma tal carga de interesses por trás do descobrimento de uma nova terapia para as depressões, que os laboratórios fervem por dentro como uma panela de pressão, tentando adiantar-se aos outros. Têm quase tanta pressa quanto você.

Embora não se tenham acomodado a resultados práticos "sensacionais", os avanços no conhecimento da neurofisiologia cerebral e da bioquímica das depressões têm sido gigantescos. Observam-se esses resultados práticos que darão forma a um novo tratamento que supere todos os existentes. Não pode tardar.

"E o que eu faço nos dois ou três anos, ou mais, que tardem em pô-lo em prática?". Não existe nenhuma garantia de que seja em dois anos, mas pode ocorrer antes. De imediato é um alívio saber que existe essa esperança imediata: há muitas enfermidades que não têm. Outros avanços parciais estão já ao alcance do enfermo. Falamos sumariamente dos testes biológicos, como o exame da dexametasona, que permite uma orientação prognóstica e uma aplicação mais precisa dos psicofármacos. A extensão dos poucos laboratórios que a realizam, para se converter numa técnica de uso comum, não determina anos, mas se espera que ocorra em alguns meses. O mesmo acontece com outros avanços técnicos.

Os deprimidos que precisam essencialmente de psicoterapia, e os que não melhoram com a que realizaram, também têm motivos de reconforto. A formação coletiva de nossos psicoterapeutas avança de ano em ano. Além da técnica clássica de psicoterapia psicanalítica ou das psicoterapias dinâmicas que derivam dela, têm surgido novos procedimentos psicoterápicos que demonstram sua utilidade nas depressões, de modo particular nas chamadas técnicas de modificação de conduta e dentro delas parece especialmente útil a terapia cognitiva.

Ao deprimido, pela índole de sua enfermidade, é muito difícil imaginar um futuro alentador. Há razões de peso para supor que o tenha.

Esta obra foi composta em CTcP
Capa: Supremo 250g – Miolo: Pólen Soft 80g
Impressão e acabamento
Gráfica e Editora Santuário